图书在版编目（CIP）数据

谚语 / 徐喜平编. --西安：三秦出版社，2017.9（2018.3重印）
（中华经典国学口袋书 / 徐喜平主编）
ISBN 978-7-5518-1570-3

Ⅰ. ①谚… Ⅱ. ①徐… Ⅲ. ①汉语－谚语－汇编
Ⅳ. ①H136. 3

中国版本图书馆CIP数据核字（2017）第194238号

出 品 人　支旭仲
项目策划　匡俊英　白忠平
责　　编　胡艳丽
封面设计　陈　非
版式设计　高东海
内文排版　白英华

出版发行　陕西新华出版传媒集团　三秦出版社
地　　址　西安市北大街147号
电　　话　（029）87205121
网　　址　http: / / www.sqcbs.cn

规　　格　720mm × 910mm　1/32
　　　　　印张7　彩插7　字数64千字
印　　刷　西安新华印务有限公司（独家承印）
版　　次　2017年9月第1版　　2018年3月第2次印刷
标准书号　ISBN 978-7-5518-1570-3
定　　价　18.00元

凡有缺页、倒页、脱页，可与工厂直接调换。电话：029-84273850

谚语

徐喜平·编

三秦出版社
陕西新华出版传媒集团

出版说明

中华文明源远流长，上下五千年，圣贤相继，英才辈出，他们殚精竭虑、呕心沥血，为后人留下了一部部经典作品。这些“经典”如同金砖玉瓦，构建成了一座金碧辉煌的殿堂，我们称之为“国学”。其内容宏富，博大精深，可谓是中华思想文明的浓缩，中国传统文化的精髓，是先贤遗留下的宝贵精神财富，值得好好传承和大力弘扬。越来越多的人们认识到其价值，读国学、诵经典的热潮正在蓬勃兴起，既有数字阅读的风生水起，更有坚守或者回归传统纸质阅读的蔚然成风。

读纸质书，无疑有着其他阅读方式所无法比拟的独特体验，一册在手，可以边读边做批注、写札记、勾画重点，也可以掩卷深思，细细品读。这种探究式阅读方式，有利于人们学习知识、启迪智慧、提升修养、提高境界，也有利于培养孩子们安静学习、锤炼思想、闻着书香做学问的良好习惯。

为了倡导全民阅读，特别是推进纸质阅读，营造爱书、品书氛围，同时考虑到当下人们的生活日趋丰富多彩且节奏加快，闲暇时间越来越碎片化，读书时间相对减少，我们从浩如烟海的国学经典中精心遴选了80部，并对书的内容作了适度精简，编辑出版了“中华经典国学口袋书”系列丛书，希望吸引更多的人回归传统阅读，重视国学经典。“口袋书”，顾名思义就是可以放在口袋里的书籍，其目的就是为读者奉献易于携带、便于翻阅、开卷有益的精神食粮。使他们于居家出行、茶余饭后，随时信手展读，含英咀华，增知怡情。

本丛书涵盖了经史子集、诗词曲赋、笔记信札、经典名句赏析，可谓贯通古今、包罗万象，能够最大限度满足各层面读者的阅读需求。书中既有对照古籍原文的“白话文”，又有介绍典故出处、时代背景、人物事迹等辅助阅读的“注释”，还配以帮助读者理解和提高的“赏析”。使对国学造诣程度各异的读者都可以做到读通、读懂，真正做到了老少皆宜、雅俗共赏。

这套书不仅在内容上编排严谨、注解精当；在外观上也充分彰显书籍之美，版式新颖，设计考究、印装精美，必定会成为您工作生活中的良师益友，带给您全新的阅读感受。

前 言

谚语，也叫俗话、常言、老话、鄙语等，是一种在民间广泛流传的通俗的定型语句，是人民群众在生产劳动和社会生活实践中创造出来的，反映人民的生活经验和愿望，富有深刻的哲理性。谚语是汉语的一个重要组成部分，它不仅数量多，使用频率高，而且具有语言精炼，形象生动，表意准确，说理深刻，比喻恰当等特点，因而深受人们的喜爱。它文辞固定，含义丰富深刻，流传广远，长期以来成为人们认识社会生活的指针，对中华民族各时代的思想、精神、文化、风尚的形成和发展产生过重要的影响。继承、发展这一份珍贵遗产，对于建设社会主义文化，将会产生积极的作用。基于这一目的，我们编了这本谚语。谚语不仅在人们的口头上广泛流行，而且在各种形式的著作中普遍被引用，说明它是一种大家喜闻乐见的表情达意方式。

我们从传世的文史典籍中搜集整理古代谚语，并加以必要的注释和例句，这样不仅让读者知道它的出处，又能加深对它的理解。限于水平有限，不足之处敬请读者批评、指正。

目 录

A …… 001
B …… 004
C …… 033
D …… 054
E …… 068
F …… 072
G …… 076
H …… 089
J …… 105
K …… 118
L …… 120
M …… 128
N …… 133
P …… 138
Q …… 141
R …… 149
S …… 156

T ………………………………………… 172
W ………………………………………… 183
X ………………………………………… 190
Y ………………………………………… 197
Z ………………………………………… 213

A

挨金似金，挨玉似玉

【释义】比喻接近有才识、品行好的人，自己也会变得优秀。

【例句】俗话说，挨金似金，挨玉似玉，今番亲家太太的谈吐就与往日大不相同了。（文康《儿女英雄传》三七回）

矮檐之下出头难

【释义】出头：原指露出头部，转指从困境中解脱出来。比喻在受人压制的境况下，很难有出头的日子。

【例句】自古道，不怕官来只怕管，矮檐之下出头难，牙根咬碎拳头软，权且饶他这一番。（田汉《林冲》二场）

矮子里选将军

【释义】比喻在水平不高的人当中挑选相对突出的。

【例句】常说："矮子里选将军"，就算他的能力有限，但与这些打手打起来，他的本领比打手胜强百倍。（《小五义》五二回）

爱将如宝，视卒如草

【释义】 比喻统帅爱惜将领而轻视士卒。

【例句】 应元也叹道："不怕众位见怪，若是吕方不去，公明哥哥念弟兄之情，必来相救。今吕方已去，众位虽是他心腹体已，到底差了一层，他岂肯为我们这三五十人，兴兵动众！俗语说得好，爱将如宝，视卒如草……"（《荡寇志》第九十三回）

爱叫的麻雀不长肉

【释义】 比喻喜欢吹嘘的人，其实没有能耐。

【例句】 到青阳桥河东，一群二鬼子乱吼乱打枪。他想：爱叫的麻雀不长肉，咬人的狗不露齿，别看尽瞎叫唤。（曲波《山呼海啸》三）

按下葫芦瓢起来

【释义】 比喻解决了这个问题，另一个问题又出现了，穷于应付。

【例句】 萧何果然完全服了。谁知道按下葫芦瓢起来，汉高祖接到警报，他最亲信的燕王卢绾造反了。（林汉达《前后汉故事新编》四九回）

暗室亏心，神目如电

【释义】 亏心：心里明白自己的言行违背正理公道。电：电光，这里指闪电发出的光。意谓人即使在暗地里偷偷做了违背良心的事情，神灵的眼睛也能像闪电一样明亮看得很清楚。

【例句】 善的善，恶的恶，好的好，歹的歹，拙的拙，巧的巧，毒的毒，慈的慈，却都在菩萨眼之中。正是暗室亏心，神目如电。（《三宝太监西洋记》二回）

B

八个金刚抬不动个“礼”字

【释义】金刚：金刚力士，是佛的侍从力士。旧指“礼”是人类一切活动的根本，是任何力量也无法动摇的。

【例句】大尹道：“一个官要拶就拶，管你什么根基不根基！”高氏道：“这也难说，八个金刚抬不动个‘礼’字哩！”（《醒世姻缘传》一回）

八仙过海，各显神通

【释义】八仙：民间传说中的八个神仙，汉钟离、张果老、韩湘子、铁拐李、吕洞宾、曹国舅、蓝采和、何仙姑。他们曾显示各自高超的法术渡过东海。比喻在共同的事业中，人尽其才，各显其能。

【例句】红军初创之时，党中央远在上海，各地红军揭竿而起。八仙过海，各显神通。（李锐《读〈彭德怀自述〉》）

八字衙门朝南开，有理无钱莫进来

【释义】讽刺旧时官府腐败，评判官司输赢的依据是是否给官府送钱行贿。

【例句】“八字衙门朝南开，有理无钱莫进来。你打得起这场官司吗？”（海涛《硝烟》第二章）

拔根汗毛比腰粗

【释义】比喻富人拿出一点财产，就胜过穷人的全部家当。

【例句】高府拔根汗毛都比为臣的腰粗，这一包赔损失，为臣十年也还不清呀！（段少舫《呼延庆出世》一六回）

拔了毛的凤凰不如鸡

【释义】比喻有权有势的人一旦失势，连普通老百姓都不如。

【例句】“拔了毛的凤凰不如鸡，他倒了台，我也完蛋了。”（梁斌《红旗谱》卷三 · 四七）

百金买骏马，千金买美人，万金买爵禄，何处买青春

【释义】意思是骏马、美人、爵禄都可以用钱买到，只有人的青春，是再多钱也买不来的。指青春一去不复返，一定要珍惜青春。

【例句】谚云，百金买骏马，千金买美人，万金买爵禄，何处买青春？岂惟无处购买，邓氏铜山，郭家金穴，愈有以障翳青春之路俾无由达于其境也。（李大钊《青春祭》）

百行孝为先

【释义】在众多的品行当中，孝顺父母是最重要的。

【例句】我已想了一个古人，是最能孝母的，俗语说的："百行孝为先。"（《镜花缘》八二回）

百样米养百样人

【释义】人生活的条件和环境不同，形成的思想和性格也就会有所差异。

【例句】百样米养百样人，当官的也不全是如此。（陆地《瀑布》三六章）

败兵之将，不敢言勇

【释义】指打了败仗的将领，不敢对人讲自己的英勇。泛指人受了挫折之后，容易失去信心。

【例句】愚姐久已心灰，何必又做"冯妇"。败兵之将，不敢言勇。虽承贤妹美意，何敢生此妄想。（《镜花缘》五一回）

半路上出家

【释义】出家：离家去当僧尼或道士。比喻中途改换了行业。

【例句】祖上原是有根基的人家，到得君荐手中，却是时乖运蹇。先前读书，后来看看不济，却去改业做生意，便是半路上出家的一般。（《醒世恒言》卷三三）

半桩小，吃过老

【释义】指半大孩子正是长身体的时候，饭量都很大，往往超过大人。

【例句】半桩小，吃过老，不要看是个孩子，吃饭可不少于一个大人。（刘江《太行风云》一）

半路上杀出个程咬金

【释义】程咬金：唐初大将。旧时戏曲小说把他塑造成一个憨直莽撞的人物。比喻中途出现了意料之外的人或事。

【例句】谁知半路上杀出个程咬金，团支部刘向明非要反其道而行之不可。（程树榛《大学春秋》一五章）

伴君如伴虎

【释义】指陪伴君王就像陪伴老虎一样，随时都会有杀身之祸。意指大人物喜怒无常。

【例句】他深知皇上是一个十分多疑、刚愎自用和脾气暴躁的人，很难侍候，真是俗话说的：伴君如伴虎。（姚雪垠《李自成》卷一·一章）

帮人帮到底，救人救个活

【释义】意思是救助别人要救助到别人真正摆脱困境。

【例句】倘若路上出点差错，岂不又把她害了？常言说，帮人帮到底，救人救个活，还是先把这位姑娘送到陆家庄。（段少舫《朱元璋演义》四回）

棒打鸳鸯两分离

【释义】比喻夫妻或有情人被强迫拆散。

【例句】“咱得给他们助点劲，别学了运涛和春兰那个，棒打鸳鸯两分离。”（梁斌《红旗谱》二卷三九）

棒头生孝子，娇惯养逆儿

【释义】棒头：用棒头进行体罚，形容管教严厉。逆儿：逆子，忤逆不孝的儿女。意思是严厉管教才能出孝子，娇生惯养只能养出忤逆不孝的儿女。

【例句】杜秋葵坐在冷灶锅台上，叹了口气：“棒头出孝子，娇惯养逆儿，我妈偏心眼儿，真是现世报。”（刘绍棠《小荷才露尖尖角》六）

包子有肉不在褶上

【释义】 褶上：指包子外表的面纹。比喻人的钱财、或才能事物的优点不露在表面上。告诫人们看事物要重视实质，不要只看表面现象。

【例句】 “掌柜的，你别瞧我们穿的破，包子有肉不在褶上，招好顾主，财神爷来了。”（《济公全传》六六回）

饱暖思淫欲，饥寒起盗心

【释义】 指吃饱穿暖生活富足而不思进取，就会产生淫乱放荡的念头；饥寒交迫生活穷困时，如果不能安分守已就会产生盗窃的念头。意谓人在饱暖和饥寒时都要戒生非分之念。

【例句】 古谚云，饱暖思淫欲，饥寒起盗心，今该宦等，承恩豢养饱食终日，无所事事；复近禁帏，日恒与诸宫娥杂沓，春花秋月，不无有感。（《大红袍全传》五六回）

饱人不知饿人饥

【释义】 比喻处境优越的人，不能理解处于困境中的人的痛苦和难处。

【例句】 敢情你们好，一天到晚吃喝玩乐！ 人家把家都丢了，你们还这么高兴呢，真是饱人不知饿人饥！（老舍《残雾》三幕）

宝剑赠于烈士，红粉送于佳人

【释义】 烈士：有志于建功立业的壮士。佳人：美女。指物品只有被与其相称的人拥有才能发挥更大的作用。

【例句】 我年纪大了，也快用不着了，古人说，宝剑赠于烈士，红粉送于佳人，要找这个牲口的主人，除老弟外，差不多不配。（张鸿、曾朴《续孽海花》三四回）

被窝里不见了针，不是婆婆就是孙

【释义】 比喻内部发生的事故，必定是内部人所做的。

【例句】 咱看事情总得闹个水落石出。被窝里不见了针，不是婆婆就是孙。咱村上会写字的人，扳着脚趾头数得清的，把笔迹拿过来对对，不一下就明白了吗？（丁玲《太阳照在桑干河上》三一）

本地姜不辣

【释义】 本地出产的姜吃多了就不觉得辣了。比喻本地的人或物往往容易被当地人忽视或轻视。

【例句】 原先我们的《中流》虽然是石印小册子，不大起眼，本地姜不辣，可在外地倒颇有点名气呢。（陆地《瀑布》一部二四章）

秕糠榨不出油来

【释义】秕：秕子，空的或不饱满的子粒。秕糠：秕子和糠。比喻在一无所有的穷人身上是榨取不出钱财的。

【例句】官便判他一个半骗，押着他追款。俗话说得好："不怕凶，只怕穷。"他光蛋般一个人，任凭你押着，秕糠榨不出油来！（吴趼人《二十年目睹之怪现状》四九回）

鞭长不及马腹

【释义】本指鞭子虽然很长，但是仍然不能打到马肚子。后以"鞭长不及马腹"比喻力量再大也有达不到的地方。

【例句】他未曾明白，隔了一省，就是"鞭长不及马腹"了。（吴趼人《二十年目睹之怪现状》六四回）

表壮不如里壮

【释义】表：这指丈夫。里：这指妻子。意思是与其家庭外表体面，不如家中有个贤惠的妻子。指家庭有个好主妇比有个好男人还要重要。

【例句】武松再筛第二杯酒，对那妇人说道："嫂嫂是个精细的人，不必武松多说。我哥哥为人质朴，全靠嫂嫂做主看觑他。常言道，表壮

不如里壮。嫂嫂把得家定，我哥哥烦恼做甚么？”（施耐庵《水浒全传》二四回）

兵败如山倒

【释义】意谓军队一旦溃败，就像山体倒塌一样，不可收拾。

【例句】农民军看见官军败退，一个个精神百倍，到处追赶着官兵砍杀。俗话说，兵败如山倒，一点不假。（姚雪垠《李自成》卷一 · 八章）

兵不厌诈，将贵知机

【释义】厌：排斥。诈：欺诈。机：时机。指用兵作战可以用欺诈的手段来迷惑敌方，指挥作战的将领贵在及时掌握有利的战机。

【例句】真君道：“兵不厌诈，将贵知机。今日是个头阵，不可轻易造次。”（罗懋登《三宝太监西洋记》二六回）

兵对兵，将对将

【释义】双方力量弱对弱、强对强对等相抗。也指双方将士决战到底的决心和势气。

【例句】兵对兵，将对将，各分头目，使神机。（许仲琳《封神演义》五三回）

兵马未动，粮草先行

【释义】军队行动之前，军用的粮食和草料就得提前准备好。比喻在做某件事情之前，提前做好准备工作。

【例句】常言说，兵马未动，粮草先行。按说大部队远征应该准备好粮食的。(王愿坚《三张纸条》)

兵松松一个，将松松一窝

【释义】松：松散。个别战士松散只影响个人，将领松散则会影响整个军队。指对将领更应该严格要求。

【例句】用马本斋自己的话来说，严是爱，松是害，特别是对班长以上干部的要求更加严格。他常说：“兵松松一个，将松松一窝。”（马国超《马本斋》二三章）

兵随将令草随风

【释义】意思是士兵服从将领的命令就像草随风而动一样。指军令如山倒，每个士兵都要严格服从。

【例句】韦云就朝外喊：“人们，都从房上下来。”兵随将令草随风。人们唏里嗯噜都从房上走下来。黑鸦鸦地站了半当院。（冯志《敌后武工队》四章）

兵随将转，将逐符行

【释义】 士兵随着将令行动，将军凭着兵符行事。

【例句】 天下无不可为之事。兵随将转，将逐符行。(黎清德《朱子语录》一〇四)

兵在精而不在多，将在谋而不在勇

【释义】 精：精锐。谋：计策谋略。意思是士兵贵在精锐，而不在于数量多；将领重要的是要有谋略，而不能光靠勇敢。

【例句】 兵在精而不在多，将在谋而不在勇。左有陈享，右有张旭，后有曹良臣，三千兵拼死攻击，打得元兵四散奔溃。（《英烈传》七一回）

病从口入，祸从口出

【释义】 指得病通常是因为饮食不讲卫生引起，招致灾祸往往是由于说话不谨慎造成的。意思是预防疾病要注意饮食卫生，避免灾祸要注意说话谨慎。

【例句】 父亲常常告诫自己："病从口入，祸从口出。"古往今来，多少人就吃亏在自己的嘴巴说话上，一定要三思而后行。（程树榛《钢铁巨人》七）

病笃乱投医

【释义】笃：沉重。病情沉重危急，就会乱找医生。比喻事情处在危急时刻，盲目寻求解救的办法。

【例句】宝玉笑道："所谓'病笃乱投医'了。"（曹雪芹《红楼梦》五七回）

病来如山倒，病去如抽丝

【释义】指病情发作，像山崩一样迅猛；病情好转，却像春蚕吐丝一般迟缓。形容病来得快，好得慢。

【例句】麝月笑劝他道："你太性急了，俗话说，病来如山倒，病去如抽丝。又不是老君的仙丹，哪有这样的灵药！你只静养几天，自然好了。你越急越着手。"（曹雪芹《红楼梦》五二回）

不挨骂长不大

【释义】指人难免犯错，只有接受批评，改正错误，才能迅速成长起来。

【例句】犯错误怕什么，我晃晃犯了多少错误，做了多少检讨，受过多少批评，不挨骂长不大，登云就把我整得够戗！（王英先《枫香树》二〇）

不比不知道，一比吓一跳

【释义】 指不经过比较不知道彼此之间存在的差距之大。

【例句】 俗话说，不见高山，不显平地，不比不知道，一比吓一跳。……都是过来人，吃过苦，尝过甜，有了比较呀！（王东满《漳河春》一三）

不出声的狗才咬人

【释义】 比喻表面上不声张，暗地里进行阴谋活动的人危害最大。

【例句】 老监察问："你看见了没？高书记。全是王以信他们在背地里捏撮。""我看见了，"高书记说，"这个家伙真是毒！不出声的狗才咬人哩。"（柳青《狠透铁》九）

不打不成相识

【释义】 不经过一番较量，就不会相互了解和结识。旧指江湖好汉往往通过交手才结成至交。

【例句】 我们将你俘虏过来，待你还算不错吧？好嘛，不打不成相识，一打倒成了朋友！（姚雪垠《李自成》卷三·四一章）

不当家不知柴米贵

【释义】 指不亲自动手去做就不知道事情的艰难。

【例句】俗话说，不当家不知柴米贵，没有在上级领导部门做过负责工作的同志，理解不到当领导的苦衷。（马春《龙滩春色》一三）

不到黄河心不死

【释义】比喻决心干到底。也比喻不到无路可走就绝不罢休。

【例句】周老爷道："这种人不到黄河心不死。现在横竖我们总不落好，索性给他一个一不做，二不休。你看如何？"（李伯元《官场现行记》一七回）

不干不净，吃了没病

【释义】旧时一种不讲卫生的说法，认为常吃不干净的东西，增强了对细菌的抵抗力，反而不易生病。当然，这种说法是错误的。

【例句】别那么说。俗语说得好："不干不净，吃了没病！"我在这儿住了几十年，还没敢抱怨一回！（老舍《龙须沟》一幕）

不干己事不张口，一问摇头三不知

【释义】与自己无关的事不说，即使被问到也推说不知道。即人常说的"事不关己，高高挂起"。形容为人世故、圆滑，明哲保身。

【例句】 再者林丫头和宝姑娘他俩人倒好，偏又都是亲戚，又不好管咱们的家务事。况且一个是美人灯儿，风吹吹就坏了；一个是拿定了主意，“不干己事不张口，一问摇头三不知”，也难十分去问他。(曹雪芹《红楼梦》五五回)

不敢越雷池一步

【释义】 雷池：湖名。在今安徽省望江县。晋·庾亮《报温峤书》：“吾忧西陲过于历阳，足下无过雷池一步也。”原指不得跨过雷池。后以“不敢越雷池一步”，比喻不敢超越某种界限。

【例句】 那一类说法是用来批评那些已经学习了很多却“不敢越雷池一步”，在艺术手法上陈陈相因的人们的。（秦牧《独创一格》）

不管闲事终无事

【释义】不去管与自己无关的事，就不会招惹麻烦。

【例句】古语云：不管闲事终无事，只怕你谋里招殃祸及身。（许仲琳《封神演义》二五回）

不见棺材不下泪

【释义】比喻不看到最后结果就不肯罢休。也比喻坏人不到穷途末路或死难临头就不会低头认输。

【例句】“常言说得好，恨小非君子，无毒不丈夫。咱如今将理和他说，不见棺材不下泪，他必然不妥。”（《金瓶梅》九八回）

不看家中宝，单看门前草

【释义】草：收割脱粒后的稻、麦等的茎叶，用做燃料或饲料。意思是只要看看房前草堆的大小就能断定农家的贫富。

【例句】他转身向场上一看，见这家门前有个大草堆，俗话说，不看家中宝，单看门前草。门前有这么大的草堆，绝不是贫雇农。（陈登科《风雷》一部一五章）

不冷不热，五谷不结

【释义】五谷：通常指稻、黍、稷、麦、豆，泛指粮食作物。意思是气候如果没有冷热变化，粮食作物便不能结子成熟。

【例句】 行者道：“你这汉子，好不明理。常言道，不冷不热，五谷不结。他不这等热得很，你这糕粉自何而来？”（吴承恩《西游记》五九回）

不能正己，焉能化人

【释义】 正己：端正自己的言行。焉：怎么，用于反问。化：教化。意思是自己的言行不端正，怎么去教化别人？指先要端正自己，才能去教育别人。

【例句】 毛二说：“不行！常言说得好，不能正己，焉能化人？你看着这口刀好，你就留下。设若是伙计们以后出去做买卖，看见好的东西不往回拿，就坏了你的事情了。我这个说话，永远不为我自己，以公为公。”（《小五义》八〇回）

不怕不识货，就怕货比货

【释义】 货物质量的好坏只能通过比较才能显现出来。泛指事物之间只有通过比较，才能发现差距。

【例句】 “这若和我们矿上的那几个花不楞登的女职员一比，你就懂得好歹啦，不怕不识货，就怕货比货。”（萧军《五月的矿山》九章）

不怕低，单怕比

【释义】指人的个子或水平的高低，通过比较就能显示出来。

【例句】不怕低，单怕比，低个子和高个子一比，才显出低来。新队长王以信比他脑盘灵动，会安排，打得开场子，相形之下，更显得他不行。（柳青《狠透铁》三）

不怕肚不饱，只怕气不平

【释义】不怕忍饥挨饿，就怕遇事不公。

【例句】共产党员，吃苦在前，享福在后，比义气可更高一层，更进一步啦。俗语说得好：不怕肚不饱，只怕气不平嘛。（孔厥《新儿女英雄续传》二一章）

不怕该债的精穷，只怕讨债的英雄

【释义】该：欠。精：用在形容词前，表示“十分”的意思。英雄：像英雄那样有本领。指如果讨债的人厉害，再穷的人也得被迫还债。

【例句】你以为没有中人借券，打不起官司告不起状，就可以白骗他的，可知道，不怕该债的精穷，只怕讨债的英雄！你而今逼着凤四哥，还怕赖到那里去！（吴敬梓《儒林外史》五二回）

不怕官，只怕管

【释义】指不怕官大，就怕能直接管束自己的。指顶头上司对当事人最有约束力。

【例句】俗谚有云：不怕官，只怕管。岂是我管你不着，一些儿不怕我？（冯梦龙《醒世恒言》卷二六）

不怕红脸关公，就怕抿嘴菩萨

【释义】关公：俗称关羽，三国时蜀汉大将。抿嘴：形容微笑的样子。意思是像关羽那样性格刚直的人容易对付，假装慈善貌似抿嘴菩萨的人最难对付。

【例句】“我们的对手是这样一只九尾狐，常言道，不怕红脸关公，就怕抿嘴菩萨。我们对付这样的敌人，可要动动脑子才行啊！”（罗旋《南国烽烟》一部五）

不怕虎生三只口，只怕人怀两样心

【释义】指不论敌人多厉害或困难有多大都不可怕，怕的是人心不齐、内部不团结。

【例句】 很显然，下午农会分大组召开的雇农中农团结辟谣会上的热烈情绪，一直保持着：“嗨，任它狗儿怎样叫，不误马儿走大道！”“真的，不怕虎生三只口，只怕人怀两样心！”（孔厥《新儿女英雄续传》一四章）

不怕路远，只怕志短

【释义】 不怕路途遥远，就怕志向不远大。指只要意志坚定就能实现自己的奋斗目标。

【例句】 不怕路远，只怕志短。革命嘛，可不是一代人、两代人就能完成的任务，必须一代接一代地传下去，一代接一代地干下去。（郭澄清《大刀记》卷三·二〇章）

不怕明处枪和棍，只怕阴阳两面刀

【释义】 指明处的侵害容易提防；耍两面三刀的防不胜防。告诫人们要注意提防搞阴谋诡计的人。

【例句】 武当说：“我也喜欢你这样光明正大的人！”石亮接着说：“有句俗话，不怕明处枪和棍，只怕阴阳两面刀，我最不喜欢那种见人说人话，见鬼说鬼话，两面三刀搞诡计的人。”（罗旋《南国烽烟》一部一一）

不怕年灾，就怕连灾

【释义】指一年的灾害并不可怕，可怕的是接连几年都发生灾害。

【例句】今年接着去年的大涝，又来了一个大旱，正如俗话所说，不怕年灾，就怕连灾。（蒋和森《风萧萧》二）

不怕闹的欢，就怕拉清单

【释义】拉清单：指算总账。不怕现在猖狂地为非作歹，总有一天会全部清算的。

【例句】不怕闹的欢，就怕拉清单，你说的对！（孙犁《风云初记》三二）

不怕人老，只怕心老

【释义】人不怕年纪大，就怕意志衰退。

【例句】这是一种悲观情绪，要不得啵！话说：不怕人老，只怕心老。（周肖《霞岛》二四章）

不怕人穷，只怕志短

【释义】人不怕穷困，就怕没志气、不上进。

【例句】“不怕人穷，只怕志短。咱没网没船，上级会扶持；他们有船没人，干瞪眼下不去海。还想着剥削咱穷艄公，死了那条心吧。”（姜树茂《渔港之春》四章）

【岁华纪胜图】册 局部 [明] 吴彬 中国台北故宫博物院藏 68－1

【岁华纪胜图】册 局部 [明] 吴彬 中国台北故宫博物院藏 68-1

不怕学不会，只怕不肯钻

【释义】指世上无难事，只要用心钻研，都能学会。

【例句】俗话不是说吗？不怕学不会，只怕不肯钻。功夫到了，自然熟能生巧，巧能生妙啦。（孔厥《新儿女英雄续传》四章）

不怕一万，只怕万一

【释义】一万：形容多，指正常情况。万一：形容极少，指意外情况。意思是事情都有偶然性，要防止意外情况发生。告诫人们办事要小心谨慎，不可马虎大意。

【例句】不怕一万，只怕万一呀！真要是打上这个赌，一进屋没有呼延庆的影，可就糟了。（段少舫《呼延庆出世》一一回）

不忍之心，人皆有之

【释义】《孟子·公孙丑上》：“人皆有不忍人之心。”后以“不忍之心，人皆有之”指人人都有怜悯别人的心肠。

【例句】官人差矣！不忍之心，人皆有之。救人一命，胜造七级浮屠。（冯梦龙《醒世恒言》卷一〇）

不生孩子不知道腰酸肚子疼

【释义】比喻只有亲身经受过苦难的生活，体会才会深刻。

【例句】 不生孩子不知道腰酸肚子疼，这话一点也不假。大婶子，你入社前那多少年受的苦，说起来真叫人伤情！（李满天《水向东流》二五章）

不施万丈深潭计，怎得骊龙颔下珠

【释义】 骊龙：古代传说居住在深潭中的黑龙。比喻不用很深的计谋，就不能取得重大成果。

【例句】 在先这妇女和我做伴时，曾借我三锭钞。休昧心说，这钱还我了，争奈我文书不曾把还它。我如今只把这文书做索钱为由。……正是：不施万丈深潭计，怎得骊龙颔下珠。（佚名《小孙屠》九折）

不是撑船手，休来弄竹竿

【释义】 比喻不是这方面的行家，就不要做这方面的事。

【例句】 这个考语还是请你尧翁代拟了吧。“不是撑船手，休来弄竹竿”，兄弟实实在在有点来不得了。（李伯元《官场现形记》三二回）

不是弄潮人，休入洪波里

【释义】 比喻没有本领的人，不能身入险境或承担重任。

【例句】 曰：“既是弥勒世尊，为甚么却在猪肉案头？”

师曰："不是弄潮人，休入洪波里。"（《五灯会元》卷一八）

不是一家人，不进一家门

【释义】指没有缘分就结合不到一起，言外之意，只有彼此情投意合，才能成为一家人。

【例句】"是我，是我这两条腿不由自主地走到这里来了。"胡获禄嬉皮笑脸地说，"不是一家人，不进一家门，鬼使神差，我不知不觉地就进到这门里来了。"（柳记《战争奇观》一四章）

不是一番寒彻骨，怎得梅花扑鼻香

【释义】指不经过一番艰难险阻，就不会获得美满的结果。比喻做事不经过一番努力拼搏，是不会获得成功的。

【例句】漫说囹圄是福堂，谁知在内抢新郎。不是一番寒彻骨，怎得梅花扑鼻香？（凌濛初《初刻拍案惊奇》卷二九）

不是冤家不聚头

【释义】 冤家：本指仇人。常用于情人或亲人的昵称。意思是不是仇人或不是与自己相亲相爱的人就不会相聚在一起。

【例句】 我这老冤家是那世里的孽障，偏生遇见了这么两个不省事的小冤家，没有一天叫我操心。真是俗语说的，“不是冤家不聚头。”（曹雪芹《红楼梦》二九回）

不为良相，当为良医

【释义】 相：宰相。不能做一个好宰相，也应当做一个好医生。指人生在世，应该济世利民。

【例句】 范文正公微时尝云：读书学道，要为宰辅。得时行道，可以活天下之命。不然，时不我与，则当读黄帝书，深究医家奥旨，是亦可以治人也。俗云，不为良相，当为良医。（阮葵生《茶余客话》卷一五）

不显山，不露水

【释义】 比喻不露声色，不露痕迹。

【例句】 “提防给苗太太听见呀。吵什么呢，背人的事，不显山，不露水就行呗！”（李英儒《野火春风斗古城》六章）

不依规矩不能成方圆

【释义】规：画圆形的工具。矩：画方形或直角的曲尺。意思是不用规和矩就画不成圆形和方形。指做事情要遵循一定的法则，才能做好。

【例句】“你老说的，倒也是一番道理。古话说，国有国法，家有家规，不依规矩不能成方圆。”（马烽《赤龙与丹凤》一部二三）

不以成败论英雄

【释义】指不能以成功或失败作为评判英雄的标准。

【例句】做了国君帝王，癞皮狗也会变成金毛狮子。自古没有不以成败论英雄的。（顾汶光、顾朴光《天国恨》一卷二七章）

不义而富且贵，于我如浮云

【释义】对用不仁不义的手段获取的富贵，我看得像浮云一样轻淡。

【例句】自古道：“不义而富且贵，于我如浮云。”王维今年三十岁也，若我肯将机就机，当初岐王累十次请我，我索性应承他了。贞女守节半世，到在中途嫁人么？（王衡《郁轮袍》一折）

不用当风立，有麝自然香。

【释义】是麝香自然香气四溢不必借助风力。比喻有才干的人不需显露，自然会受到人们的敬重。

【例句】世局从来一戏场，须知歌谱总文章。古言不用当风立，有麝自然香。（马佶人《荷花荡》八出）

不在被中眠，安知被无边

【释义】比喻不身临其境，就不会知道其中的真实情况。

【例句】今鄙俗语曰，不在被中眠，安知被无边。而卢仝诗曰："不予衾之眠，信予衾之穿。"（王楙《野客丛书》卷二九）

不在其位，不谋其政

【释义】不担任某项职务，就不参与某方面的政务。

【例句】卑职早就打算一个主意，想去回藩台去，又因为是"不在其位，不谋其政"，这种事搁在心上已有多年了。（李宝嘉《中国现在记》六回）

不知者不罪

【释义】指对不知道实情或无意触犯的人不要怪罪。

【例句】 凤英明白了水生的确是一时鲁莽，认错了人。俗话说，不知者不罪。她觉着自己不该责怪水生。（陈残云《香飘四季》三一章）

不蒸馒头也要蒸口气

【释义】 蒸：“争”的谐音。比喻即便达不到目的，也要奋发努力。

【例句】 气死饿死等死打死不如跟敌人拼死！ 卖掉孩子买蒸笼——不蒸馒头也要蒸口气嘛！ （群星《映天红》三章）

不知道马王爷几只眼

【释义】 马王爷：民间传说掌管房屋的神，长着三只眼。比喻不知对方厉害。

【例句】 “这家伙就是全靠害人发财起家，不狠狠揍他一场，他不知道马王爷几只眼。准备好棒子哇，不要往痛处打，就打狗日的屁股。”（刘江《太行风云》七）

不知葫芦里卖的什么药

【释义】葫芦：指药葫芦，旧时药装在葫芦里出售。比喻不知道对方搞什么名堂，玩什么花样。

【例句】众人被他闹糊涂了，雯青倒也听得呆了，在坐的妓女，也不知道他葫芦里卖的什么药，正要听他下文。（曾朴《孽海花》七回）

不做中人不做保，一世无烦恼

【释义】只要不当中间人、担保人，就可以一生避免麻烦。

【例句】三太太又究起荐复畴的人，便唤邬老头儿，痛斥了一顿，赶出不许进门。邬老头儿正是无处伸冤，回家叹口气道："不做中人不做保，一世无烦恼。我才信这句话了。"(籐谷古香《轰天雷》六回）

C

才高必狂，艺高必傲

【释义】狂：狂妄，自高自大。傲：傲慢，不把别人看在眼里。指有才华的人必定狂妄，技艺高超的人必定傲慢。

【例句】哥哥久已知道此人，但未会面。今日见了，果然好人品，好相貌，好本事，好武艺；未免才高必狂，艺高必傲，竟将咱们家的谌卢剑褒贬的不成样子。（《三侠五义》三一回）

才脱了阎王，又撞了小鬼

【释义】比喻刚摆脱了一个灾难，又遇上了一个灾难。

【例句】我杜景山怎么这等命苦，才脱了阎王，又撞了小鬼，叫我也没奈何了。（酌元亭主人《照世杯》卷三）

财去身安乐

【释义】旧指通过官府打官司时，花费一些钱财，可以换来自身的安全快乐。

【例句】算了吧，你这个叫做“财去身安乐”。若再闹时，钱是还要罚的，人是还要办的。（李宝嘉《中国现在记》九回）

财上分明大丈夫

【释义】指大丈夫在钱财问题上应该光明磊落，清清白白。

【例句】噤声贼也，岂不闻道财上分明大丈夫。（佚名《刘弘嫁婢》一折）

财为催命鬼，色是杀人刀

【释义】指贪财、好色都将会招惹杀身之祸。

【例句】挹香将小梧拟了斩罪，陆笏臣得钱谋命，也拟了斩罪。立刻申详上宪，俟部文到了，二人俱要绑赴市曹枭首。正是，财为催命鬼，色是杀人刀。（俞达《青楼梦》五）

菜里虫，菜里死

【释义】比喻在哪儿干坏事，就会在哪儿送命。

【例句】临晚劝他道，菜里虫，菜里死；犯法事，做不得。朝廷的王法森严，我们家业颇富，洗手罢。（佚名《绿牡丹》一五回）

蚕丝作茧，自缚其身

【释义】比喻自己做的事情反而使自己受困，即自作自受。

【例句】勋一走而段氏入京，复为总理，是张勋之一番狂热，不啻代段氏作为位望，勋负大罪，段居大功，蚕丝作茧，自缚其身，何其愚也？（蔡东藩《民国演义》八七回）

苍蝇不钻那没缝的蛋

【释义】比喻出了问题，往往是由于自身有毛病。

【例句】竹山听了，唬了个立睁，说道："我并没借他什么银子。"那人道："你没借银子，却问你讨。自古道，苍蝇不钻那没缝的蛋，快休说此话！"（兰陵笑笑生《金瓶梅》一九回）

草怕严霜霜怕日，恶人自有恶人磨

【释义】比喻一物降一物。

【例句】草怕严霜霜怕日，恶人自有恶人磨。这一回，有人整他了，他就要垮台了。((浩然《艳阳天》三卷一三七章)

草入牛口，其命不久

【释义】比喻处于必死境地，难以长久生存。

【例句】东京百八十里罗城，唤做卧牛城。我们只是

草寇，常言，草入牛口，其命不久。（冯梦龙《古今小说》卷三六）

草字出了格，神仙认不得

【释义】指草字写得不规范，连神仙也辨认不出。

【例句】陈洪这个草稿吓煞人呢，真是草字出了格，神仙认不得！（王少堂《武松》二回）

恻隐之心，人皆有之

【释义】恻隐：怜悯。人人都有同情、怜悯遭受苦难或不幸者的心情。

【例句】“恻隐之心，人皆有之。你肯在我船上相帮，管教你饱暖过日。”（冯梦龙《警世通言》卷二二）

曾经沧海难为水

【释义】比喻见过大世面后，再看一般事物就显得格外地平淡、乏味。

【例句】那时候，群众整天占据了南京路！那才可称为示威运动！然而今天，只是冲过！“曾经沧海难为水”，我老是觉得今天的示威运动太乏！（茅盾《子夜》九）

插起招军旗，就有吃粮人

【释义】招军：招募兵士。吃粮人：指当兵的人。

指把招军的旗帜打起来，自然就有当兵的人。比喻有人召唤，就会有人响应。

【例句】（三仙姑）因此托东家求西家要给小芹找婆家，插起招军旗，就有吃粮人。有个吴先生是在阎锡山部下当过旅长的退职军官，家里很富，才死了老婆，他在奶奶庙大会上见过小芹一面，愿意续她。（赵树理《小二黑结婚》七）

拆东墙，补西墙

【释义】比喻处境窘迫，以此补彼，穷于应付。

【例句】唉，拆东墙，补西墙，挖好肉，补烂疮，穷人过年一年不如一年，以后的日子怎么过啊？（罗旋《南国烽烟》序篇）

差人见钱，不怕青天

【释义】当差的见到钱，就会不择手段地去获得。

【例句】俗语讲得好："差人见钱，不怕青天。"从今须要大家商量。（青莲室主人《后水浒传》一九回）

柴多火焰高，人多声音大

【释义】指人多聚集起的力量就大，就像柴多烧起来火焰就高。

【例句】三人是个众字。柴多火焰高，人多声音大。

只要大家心齐，各个车间的人都同意，那辰光，工会再不同意，我看老赵下不了台。（周而复《上海的早晨》三部六）

柴米夫妻，酒肉朋友，盒儿亲戚

【释义】指夫妻相处生活简朴，朋友相聚讲究吃喝，亲戚往来离不开点心礼品。

【例句】南部闾巷中常谚往往有粗俚可味者，漫记数则……曰，柴米夫妻，酒肉朋友，盒儿亲戚。（顾起元《客座赘语》卷一）

谗言误国，妒妇乱家

【释义】谗言：诽谤别人或挑拨离间的话。妒妇：嫉妒心强的妇人。意思是谗言会耽误国家的大事，妒妇会把家庭搅得不和。

【例句】圣上未及开言，寇公怒曰："谗言误国，妒妇乱家，信有之矣！尔冯拯不过以文章耀世，军国大事，非尔所知也。如再沮疑君心，所误非浅……"（李雨堂《万花楼》三回）

长安虽好，不是久恋之家

【释义】长安：中国古都，今西安。客居他乡生活条件虽好，但却不是长久居留之地。喻指繁华美好之地不可久恋。

【例句】"常言道：'长安虽好，不是久恋之家。'

待我们有缘拜了佛祖，取得真经，那时回转大唐，奏过主公，将那御厨里饭，凭你吃上几年。”（吴承恩《西游记》九六回）

长不过五月，短不过十月

【释义】指一年中，农历五月白天最长，农历十月白天最短。

【例句】俗话说，长不过五月，短不过十月。农历五月间，天亮得早。张平耀四点就起床，到将近七点半，水米还没沾牙。（亢君等《攻克汴京》三章）

长江后浪催前浪，一辈新人赶旧人

【释义】意思是新一代的人总会超过前一代人，就像长江的波浪，一浪赶一浪。

【例句】蒋爷一听，连连点头说：“人有什么意思，长江后浪催前浪，一辈新人赶旧人。”（《小五义》一〇八回）

长痛不如短痛

【释义】与其长期承受痛苦折磨，不如忍受一时剧痛，使痛苦彻底消除。

【例句】“长痛不如短痛。”自已向自已猛攻一下，割去疮疖，遍体清凉。改过，也是一样。（谢觉哉《不惑集·学习常谈》）

常将冷眼看螃蟹，看你横行得几时

【释义】比喻常用蔑视的眼光观察横行作恶的坏人，看着他末日的到来。

【例句】徐能此时已做了太爷，在家中耀武扬威，甚是得志。正合着古人两句："常将冷眼看螃蟹，看你横行得几时。"（冯梦龙《警世通言》卷一一）

常将有日思无日，莫待无时思有时

【释义】莫：不要。在物资丰富时要考虑到缺乏的日子，不要到了缺乏时才后悔，指应注意节约，不要浪费。

【例句】父亲施鉴是个本分财主，惜粪如金的，见儿子挥金不吝，未免心疼。惟恐他将家财散尽，去后萧条，乃密将黄白之物，埋藏于地窖中，如此数处，不使人知，待等天年，才授与儿子。从来财主家往往有此。正是常将有日思无日，莫待无时思有时。（冯梦龙《警世通言》卷二五）

常在河边走，难免踏湿鞋

【释义】比喻长期生活在恶劣的环境中，难免会沾染上这样或那样的恶习。

【例句】"不管怎么说，她家总不是个好人家。"奶奶随口说道："俗话说，常在河边走，难免踏湿鞋。赌博场、料子馆，臭名在外，即便自己行得正，走得端，常去那地方，外人提起来名声也不好听啊！以后还是少去点好。"（马烽《刘胡兰·奶奶的"女儿经"》）

唱戏的不瞒打锣的

【释义】比喻对关系密切、利害相关的人不隐瞒真相。

【例句】过了几天，杨大肚子按照药葫芦的吩咐，把几个亲信的班长叫到他家里，大吃大喝一顿之后，说："唱戏的不瞒打锣的，跟兄弟们商量件事情。"（李晓明等《破晓记》二五）

唱戏的三天不唱嘴生，打铁的三天不打手生

【释义】比喻学习不能中断，一中断就会生疏。

【例句】在女船员勤学苦练中，渔船拉坞检修了。唱戏的三天不唱嘴生，打铁的三天不打手生，学到中间不出海，真把姑娘们憋得难受。（吴德永、车吉心《海的女儿》二五章）

唱戏还要有个过场

【释义】过场：戏剧里的一种简短表演，用来贯穿前后情节。比喻凡事都有个过程，不可操之过急。

【例句】 性急吃不得热馒头，唱戏还要有个过场，闹革命这事情，更是要得一步一步来。就像锯倒大树一样，咱又要刨根，还要砍梢。（刘江《太行风云》二四）

朝里无人莫做官

【释义】 朝：朝廷。无人：没有和自己有特殊关系的人。意思是朝廷里面如果没有与自己有特殊关系的人，就不要当官，当官必须有靠山。

【例句】 常说，朝里无人莫做官。又说，朝里有人好做官，大凡做官的人，若没有个依靠，居在当道之中，与你弥缝其短，揄扬其长，夤缘干升，出书讨荐，凭你是个龚遂、黄霸这等的循良，也没处置你的善政。（王有光《吴下谚联》卷三）

朝廷还有三门子穷亲戚

【释义】 朝廷：这里指帝王。三：形容多。指再富有再尊贵的人家，也会有穷亲戚。

【例句】 凤姐儿笑道：“这话没的叫人恶心。不过错赖着祖母虚名，作了穷官儿。谁家有什么，不过是个旧日的空架子。俗话说，朝廷还有三门子穷亲戚呢，何况你我。”（曹雪芹《红楼梦》六回）

朝中有人好做官

【释义】旧谓在朝廷里有人支持，做官就很容易。也泛指在上级部门中有自己的亲属、朋友，在下面办事就很方便。

【例句】安想他老夫妻这番苦心，偶然话中一问一答，恰恰的被一个旁不相干的有心人听见了，倒着实的在那里关切，正暗合了朝中有人好做官那句俗话。（文康《儿女英雄传》）三三回）

炒豆大伙吃，炸锅一人担

【释义】比喻有好处大家享受，祸患由一人承担。

【例句】他妈在一边吹风，说是依他三舅的没错。这下露了馅儿，谁都不吱声了，真是，炒豆大伙吃，炸锅一人担。（毕方、钟涛《千重浪》二章）

车到山前必有路，船遇顶风也能开

【释义】比喻事到临头自然会有解决的办法。也比喻只要奋勇前进，任何困难都阻挡不了。常用来鼓励人在困难面前要坚定信心。

【例句】赵铁锤听了，心中忿忿不平，忙从腰里掏出几张纸币，给高飞塞到手里，又从木箱里拿出一把新的瓦片递给他。劝道："快别生闷气了，把肚皮气破也当不了啥。俗话说，车

到山前必有路，船遇顶风也能开。这几块先拿去，赶集还没散尽，好歹先籴些粮食垫着牙……”（王厚选《古城青史》三回）

车多碍辙，船多擦边

【释义】比喻人多手杂，反而不便于做事。

【例句】我没有什么说的，反正车多碍辙，船多擦边。（李准《冰化雪消》）

扯了龙袍也是死，打死太子也是死

【释义】比喻反正没有好的结果，就什么都不顾忌了。

【例句】今天去修碉堡，又叫黄皮猴打了一哭丧棒……扯了龙袍也是死，打死太子也是死，一命换一命算了！（马烽、西戎《吕梁英雄传》五回）

扯着耳朵腮颊动

【释义】比喻互相有牵连。

【例句】这番扯着耳朵腮颊动的节目，大约除了安老爷合燕北闲人两个心里明镜儿似的，此外就得让说书的还知道个影子了。（文康《儿女英雄传》二三回）

趁水和泥，趁火打铁

【释义】趁着机会做事情。指办事不要错过时机。

【例句】 罗当才笑了笑，说："这母货不早不晚，来的恰好。趁水和泥，趁火打铁，捎带着把她收拾啦吧。敬轩快下令！"（姚雪垠《李自成》三卷一一章）

撑死胆大的，饿死胆小的

【释义】 意思是胆大的人无所顾及，敢于冒险，往往富有；胆小的人做事谨慎，不敢越轨，反而受穷。

【例句】 "告诉你吧，秦恺，啥年头也是撑死胆大的，饿死胆小的。"（浩然《金光大道》一部五）

成败在此一举

【释义】 指成功或失败就取决于这次行动。

【例句】 这桩事，任大责重，方才一口气许了公婆，成败在此一举，所以不敢一步放松。（文康《儿女英雄传》二六回）

成不成，两三瓶

【释义】 瓶：指酒瓶。事情是否能办成关键在于是否请人喝酒吃饭。

【例句】 自古说："成不成，两三瓶。"这酒席也是要的。此亲事我二人去讲，不由党妈妈不允。（方汝浩《禅真后史》三七回）

成大事者不修边幅

【释义】边幅：布帛的边缘，指人的衣着。意思是办大事的人把精力放在事业上，没有心思去修饰自己的仪表。

【例句】最近的半年来，她不但思想变化，甚至举动也失去了优美细腻的常态，衣服什物都到处乱丢，居然是成大事者不修边幅的气派了。（茅盾《创造》一）

成家之子，惜粪如金；败家之子，挥金如粪

【释义】能成就家业的子孙，爱惜粪土如同黄金一样；败坏家业的子孙，挥霍钱财如同粪土一样。形容有出息的子孙知道节俭，没出息的只知道挥霍浪费。

【例句】岂不闻："成家之子，惜粪如金；败家之子，挥金如粪。"我姐夫裴秀，拾得宝带三条，价值百金，等闲还了他人，岂不是败家之子！（沈采《还带记》一三出）

成立之难如登天，覆败之易如燎毛

【释义】覆败：倾覆败亡。燎毛：毛发接近火而烧焦。成功就像登天一样困难，倾覆败亡就像点燃毛发一样容易。指创业艰难，毁业容易。

【例句】 遇见正经老成前辈，便似坐针毡，一刻也忍受不来；遇着一班狐党，好与往来，将来必弄的一败涂地，毫无救医。所以，古人留下两句话，成立之难如登天，覆败之易如燎毛。（李海观《歧路灯》一回）

成人不自在，自在不成人

【释义】 指要想成为有作为的人，就不会轻松自在，想要轻松自在，就不会成为有作为的人。

【例句】 “以后我要出题目叫你作文章了。如若懈怠，我是断乎不依的。自古道，成人不自在，自在不成人。你好生记着我的话。”（曹雪芹《红楼梦》八二回）

成事不说，既往不咎

【释义】 指对已成的事实不再议论，对已犯过的错误不再追究。

【例句】 成事不说，既往不咎。我们原是各治水酒饯行的，还说我们饯行正文罢。（李汝珍《镜花缘》六回）

成事不足，败事有余

【释义】 不但没有把事情办好，反而把事情搞得更糟。

【例句】 不过也不可不敷衍一下。这种人成事不足，败事有余。（张鸿《续孽海花》四二回）

成则为王，败则为贼

【释义】 指在争夺统治权的斗争中，胜利的成为帝王，失败的沦为贼寇。

【例句】 君民本是同一民族，乱世时，成则为王，败则为贼，平常是一个照例做黄帝，许多个照例做平民。（鲁迅《华盖集续篇·谈黄帝》）

乘兴而来，败兴而返

【释义】 趁着高兴赶来，扫了兴致回去。

【例句】 那些家人起初像火一般热，到此时化做冰一般冷，犹如断线偶戏，手足掸软，连话都无了。正是乘兴而来，败兴而返。（冯梦龙《醒世恒言》卷六）

秤杆不离秤锤

【释义】 比喻关系亲密常在一起，形影不离。

【例句】 真的，他俩自小就好得不行，好像秤杆不离秤锤。（梁斌《红旗谱》卷二）

秤砣小，坠千斤；胡椒小，辣人心

【释义】比喻轻的可以压住重的，小的可以制服大的。常指不要轻视年轻人。

【例句】孙常乐摇摇头，连声说：“才刚不穿开裆裤子，太小了！ 太小了！”焦锁柱一双圆眼一瞪，不服气地说：“秤砣小，坠千斤；胡椒小，辣人心！小有啥不好？”（王厚选《古城青史》三五回）

吃不穷，穿不穷，算计不到就受穷

【释义】指过日子要精打细算，计划稍有不周，就会受穷。

【例句】朱老星一年到头，总会找到活儿做。两手不闲是他的目的。他常说：“人，吃不穷，穿不穷，算计不到就受穷。”他就是成天价计算。（梁斌《红旗谱》三〇）

吃葱吃蒜不吃姜

【释义】姜：“将”的谐音，激将的意思。轻易不接受别人的激将。

【例句】江大队长，算你能说，可我张小七吃葱吃蒜不吃姜！ 我可不打肿脸充胖子。你管我怕老婆不怕老婆！ 你抬我半天，不就为让我登记吗？（谌容《万年青》五六）

吃得亏，做一堆

【释义】 比喻有吃亏忍让精神，才能与人和睦相处。

【例句】 南部闾巷中常谚往往有粗俚而可味者……曰："吃得亏，做一堆。"（顾起元《客座赘语》卷一）

吃得苦中苦，方为人上人

【释义】 只有经受各种艰难困苦的磨练，才能出人头地。

【例句】 "阿杏，年纪轻轻的，怎么想到那上头去呢？吃得苦中苦，方为人上人。你耐心熬着，难道就没个出头之日！"（欧阳山《三家巷》二九）

吃的是盐和米，讲的是情和理

【释义】 比喻凡事要讲情理。

【例句】 "吃的是盐和米，讲的是情和理"，只要在理上，要我老头讲一句话有什么了不起！（《解放区短篇小说选·纠纷》）

吃饭不知饥饱，睡觉不知颠倒

【释义】 比喻人糊里糊涂，不明事理。

【例句】 "你从小没爹，浑拙猛愣的，吃饭不知饥饱，睡觉不知颠倒，说话不知深浅，咱家的日子又这么穷，你干啥，啥不行，一个钱也挣不来，

将来可怎么办呢？”（段少舫等《朱元璋演义》二七回）

吃饭不忘种谷人，饮水不忘掘井人

【释义】 指在享受别人的劳动成果时，不要忘记创造这种成果的人。

【例句】 刚才咱们说过，吃饭不忘种谷人，饮水不忘掘井人。让我们给咱们在延安辛辛苦苦工作的、在前线白天黑夜领兵打仗的大恩人们行个大礼儿吧！（柳杞《战争奇观》三章）

吃饭品滋味，听话听下音

【释义】 下音：背后的意思。听人说话要注意领会话里的真实用意，就像吃饭要品尝饭菜的味道一样。

【例句】 俗话说，吃饭品滋味，听话听下音。从申宝斋的那些话里，杨大娘觉察到了地主财东们像是正在酝酿着一场恶毒的阴谋。（郭明伦《冀鲁春秋》一〇章）

吃尽味道盐好，走遍天下娘好

【释义】 比喻经过比较才知道什么最好。

【例句】 “‘吃尽味道盐好，走遍天下娘好’，看来还是共产党好，我，我一家准备搬回雷坪来住。”（罗旋《梅》一五）

吃酒不言公务事

【释义】 喝酒时不谈论有关公务方面的事情。

【例句】 今日奉屈，不过为昔日之情，聚谈聚谈。古云：吃酒不言公务事。非是为兄的拦阻贤弟之口，因我帐下皆是忠义之将，恐有唐突，倒是愚兄的不是了。（钱彩《说岳全传》四八回）

吃亏人常在

【释义】 愿意吃点亏的人，可以长久保持平安无事。

【例句】 我如今贱卖与他，只当施舍一样，放些欠账与人。到儿孙手里，他就不还，也有人代出。古语云：“吃亏人常在”，此一定之理也。（李渔《十二楼·三与楼》）

吃了僧道一粒米，千载万代还不起

【释义】 吃了和尚、道士一粒米，其恩情永远也偿还不完。形容和尚、道士吝惜。

【例句】 人说“吃了僧道一粒米，千载万代还不起”。这道士的饭是好吃的？况是个廪膳，又说不得穷起，他却指了读书为名，走到一个张仙庙去，昼夜住将起来。（西周生《醒世姻缘传》二六回）

吃了人家的嘴软，拿了人家的手短

【释义】意谓吃了别人的东西，拿了别人的钱财，就要袒护人家，不能秉公办事。

【例句】俗话说，吃了人家的嘴软，拿了人家的手短，海朗嫩也懂得眼下喝了人家的酒，就得看人家的脸色行事。（李蕙薪《澜沧江畔》二三）

吃哪行饭，说哪行话

【释义】行：行当儿。指从事什么行业就谈论什么行业的话题，即人们常说的三句话不离本行。

【例句】“你这院子真宽敞，足够容纳八辆大车。我就喜欢这样的大院子。”“吃哪行饭，说哪行话，庄户人家没有个院子就不中。”（白危《垦荒曲》二部三五）

吃人家的饭，看人家的脸；端人家的碗，受人家的管

【释义】意思是生活上依附别人就要受别人的约束和管制。

【例句】凤姊知道，吃人家的饭，看人家的脸，端人家的碗，受人家的管。因此，既在“矮檐下”，就得耐着委屈“低下头”。（张孟良《儿女风尘记》一部五）

D

打不断的亲，骂不断的邻

【释义】指与亲戚、邻居虽难免有矛盾，但也不会断绝往来。

【例句】唐僧与国王相别，到亭内，嗔责八戒道："这夯货，越发村了！这是甚么去处，只管大呼小叫！倘若恼着国王，却不被他伤害性命？"八戒道："没事！没事！我们与他亲家礼道的，他便不好生怪。常言道，打不断的亲，骂不断的邻。大家耍子，怕他怎的？"（吴承恩《西游记》九四回）

打出来的铁，炼出来的钢

【释义】比喻意志坚强的人是在艰难困苦的斗争中磨练出来的。

【例句】打出来的铁，炼出来的钢。别看监工……平日凶，只要我们抱成团齐着心跟他们斗，这些家伙就傻眼了。（刘章仪《铁魂》二〇）

打虎还得亲兄弟，上阵须教父子兵

【释义】旧时认为只有父子兄弟在危急关头才能做到休戚与共。现泛指办事要靠亲友或其他关系密切的人。

【例句】 沙僧笑道："兄长说那里话！无我两个，真是单丝不线，鼓掌难鸣。兄啊，这行囊、马匹，谁与看顾？宁学管鲍分金，休仿孙庞斗智。自古道，打虎还得亲兄弟，上阵须教父子兵。望兄长且饶打，待天明和你同心戮力，寻师去也。"（吴承恩《西游记》八一回）

打当面鼓，不敲背后锣

【释义】 比喻有话当面说，不要在背后议论。

【例句】 从个人来说，我倒喜欢你那耿直的性子，你是怎么想，就怎么说，噼里啪啦，把什么都摆出来，打当面鼓，不敲背后锣，我就是喜欢这样的同志！（罗旋《南国烽烟》一部一一）

打断骨头还连着筋

【释义】 比喻亲人之间情深意重，即使有了矛盾，亲情也是割舍不断的。

【例句】 "老实说，我要收拾你，十个八个也早收拾了，还用等到今天吗？为什么？因为咱们是亲戚，打断骨头还连着筋哪。"（田东照等《龙山游击队》三章三）

打狗看主人

【释义】比喻惩处一个人，要顾及与他有关的人物。

【例句】“自已人，何必那么大的气，打狗看主人，好好歹歹他是我丈夫。”（曲波《林海雪原》一一）

打老鼠伤了玉瓶儿

【释义】比喻打击坏人，连带伤害了好人。

【例句】如今就打赵姨娘屋里起了赃来也容易，我只怕又伤着一个好人的体面。别人都不必管，只这一个人，岂不又生气？我可怜的是他，不肯为“打老鼠伤了玉瓶儿”。（曹雪芹《红楼梦》六一回）

打了牙往自己肚子咽

【释义】比喻吃了亏也不敢声张，只能暗自忍受。

【例句】每年这会，男人撩斗妇女，也有被妇女的男人采打吃亏了的，也有或是光棍势众，把妇人受了辱的，也尽多这“打了牙往自己肚子咽”的事。（西周生《醒世姻缘传》七三回）

打人休打脸，骂人休揭短

【释义】指和人发生矛盾时，切忌揭露对方隐讳的事，以免伤及情面。

【岁华纪胜图】册 局部 ［明］ 吴彬 中国台北故宫博物院藏 68－2

【岁华纪胜图】册 局部 ［明］吴彬 中国台北故宫博物院藏 68-2

【例句】 “打人休打脸，骂人休揭短。我是您家的小老婆，谁人不知？也不该为着一个使女子，便无情无义的骂我！”（李海观《歧路灯》六七回）

打人一拳，防人一脚

【释义】 指攻击对方时，要提防对方的反击。

【例句】 那人忙中有错，忘了打人一拳，防人一脚，只听“啪”，面上早已着了石子。“嗳呀”一声，顾不得救他的伙计，负痛逃命去了。（《七侠五义》一〇三回）

打煞卖盐的，苦了作酱的

【释义】 煞：同“杀”。打死卖盐的人，使制作豆酱的人难堪。比喻伤害了这个，却牵连到另一个无辜受到损失。

【例句】 乡言七事中有关乎世情者，如……“打煞卖盐的，苦了作酱的”，调和之失宜也。（李光庭《乡言解颐》卷五）

打蛇先打头，擒贼要擒王

【释义】指打击坏人要先打击为首的。

【例句】打蛇先打头，擒贼要擒王，部队在解放一大批“人质”以后，要想法抓住聂玉姣的司令部，打掉它的首脑机构，整个土匪就会土崩瓦解。（张行《武陵山下》一二）

打是疼，骂是爱

【释义】意思是长辈严厉管教晚辈是出于疼爱，是想让晚辈能学好，将来有所作为。

【例句】“虽然有句俗话，打是疼，骂是爱，可是你还没到咱金家来，要执行权威，还似乎早了一点子哩。”（张恨水《金粉世家》七回）

打死胆大的，吓死胆小的

【释义】指惩治了胆敢出头露面的人，其他人就会害怕了。

【例句】常说打死胆大的，吓死胆小的，要是凿了何大拿，不光是解文花这个胆小鬼，别的坏蛋们也不敢动了。（刘流《烈火金刚》八回）

打兔的不嫌兔多，吃鱼的不怕鱼腥

【释义】指只要是需要的东西，就不嫌多，也不嫌不好。

【例句】 “以前，咱是避着他们走；往后，就迎着他们去，不然，到哪搭去弄枪？打兔的不嫌兔多，吃鱼的不怕鱼腥，瞅准了，得下手时就下手，枪不就到咱的手里么？”（刘波泳《秦川儿女》二六章）

打鱼人盼望个好天气，庄稼人盼望个好收成

【释义】 意为渔民要出海打鱼，总盼望有个好天气，农民辛勤耕作，总盼望有个好收成。

【例句】 “常言道，打鱼人盼望个好天气，庄稼人盼望个好收成。我知道，我听说过，去年胶东地区，收成也就很好。特别是秋季作物，可以说是一个十分丰收的年景。”（峻青《秋色赋·壮志录》）

大船烂了还有三千个钉

【释义】 比喻做官的虽然下台仍有影响，或富家虽已破产仍有余财。

【例句】 “俗话说得好：大船烂了还有三千个钉。你干了这么多年革命，当了这么长时间的副厂长，人们从情面上讲，还是敬重、维护你的。”（徐本夫《降龙湾》二七章）

大胆天下去得，小心寸步难行

【释义】意为有胆量的人可以走遍天下办成大事，谨小慎微的人缩手缩脚一事无成。

【例句】杨氏道："我的儿，大胆天下去得，小心寸步难行。苏州到南京不上七八站路，许多客人，往往来来，当初你父亲，你叔叔，都是走熟的路。你也是晦气，偶然撞这两遭盗，难道他们专守着你一个，遭遭打劫不成！"（凌濛初《初刻拍案惊奇》卷八）

大恩不谢

【释义】指大的恩德，无法用一般的酬谢来回报。

【例句】"我常听到家父说，大恩不谢。樊先生帮我这样一个大忙，真不知道怎样报答才好。"（张恨水《啼笑因缘》四回）

大风吹倒梧桐树，自有旁人说短长

【释义】比喻发生了一件令人瞩目的事情，定会有人议论。

【例句】冷公子一生刻薄，惯要算计别人，不道这一番做了折本的买卖。地方邻里见是宦家，又是有名的剥皮公子，谁敢出头开口，只是背地里暗笑。正是大风吹倒梧桐树，自有旁人说短长，不在话下。（罗贯中《平妖传》九回）

大富由命，小富由勤

【释义】 大富大贵是由天命决定的，小康小富是靠个人勤劳获得的。

【例句】 未有一艺随身而不能挨排度日者。所以，大富由命，小富由勤。予劝技艺之人，各踏实地做生涯。（石天基《传家宝》卷一）

大海浮萍，也有相逢之日

【释义】 浮萍：浮生在水面的一种草本植物。比喻人总有相逢的时候，常以劝慰人不要为亲人的离散过于伤心难过。

【例句】 常言，大海浮萍，也有相逢之日，或者天可怜，有近处人家拾得，抚养在彼，母子相会，对他说出根由，教他做个报仇之人。（冯梦龙《警世通言》卷一一）

大海若知足，百川水倒流

【释义】 比喻人永远不会满足。

【例句】 曰，如何是向上事？师曰，大海若知足，百川水倒流。（普济《五灯会元》卷一九）

大寒须守火，无事不出门

【释义】 大寒：二十四节气之一，是一年中最寒冷的时候。指在大寒的时候应当在家守着火炉，没有事情就不要外出。

【例句】 十二月谓之大禁月，忽有一日稍暖，即是大寒之候。……谚云："大寒须守火，无事不出门。"（徐光启《农政全书·农事篇》）

大河涨水小河满

【释义】 比喻大集体富了，小集体或个人也就会富起来。

【例句】 郭守成却说："社里人多，轮到个人名下，能多分多少！眼下咱倒先吃了三捆高粱秆的亏。"郭春海就劝他："爹，吃不了亏，大河涨水小河满，锅里有了碗里也就有了。你也快扛一捆高粱秆防霜去吧！"（胡正《汾水长流》四章）

大奸似忠，大诈似信

【释义】 意谓奸佞狡诈的人，往往装出忠诚信实的样子。

【例句】 帝又谓八王曰："王钦若欺罔如此，朕竟弗知何也？"八王曰："大奸似忠，大诈似信，设使圣上知之，非奸臣矣。"（佚名《杨家府演义》卷六）

大路不平众人踩，情理不合众人抬

【释义】 对于不合情合理的事情，自有众人主持公道，予以评判。

【例句】 地主横了他一眼道，狗咬耗子，多管闲事！小伙子凛然道，大路不平众人踩，情理不合众人抬嘛！（武剑青《流星》一章）

大路通天，各走一边

【释义】 道路四通八达，各走各的，互不干扰。

【例句】 大路通天，各走一边，他往东跑，咱往西进。（刘波泳《秦川儿女》三七章）

大难不死，必有后福

【释义】 指一个人如果大难临头还能活下来，日后必有大福降临。

【例句】 自古道："大难不死，必有后福。"你乘此妙年，正该出去应举。（李渔《比目鱼》二一出）

大能掩小，海纳百川

【释义】 掩：掩饰。纳：容纳。川：河流。比喻胸怀宽阔的人能容忍别人小的过失，就像大海能容纳许多河流的水一样。

【例句】 "可不道，大能掩小，海纳百川，看着狗儿面皮休打他呵，我就恼也，饶了他罢！"（李直夫《虎头牌》三折）

大人不记小人过

【释义】过：过错。意谓大人物心胸宽阔，不计较小人物的过错。常用来宽恕别人或请求别人宽恕。

【例句】常言大人不记小人过，这些没有良心的东西，将来总没有好日子，等着瞧吧。（李伯元《官场现形记》四回）

大厦将倾，非一木可支

【释义】原比喻一个人难以挽救崩溃的趋势，后比喻一个人势单力薄难堪重任，成就大业。

【例句】量你这个寡将，怎敢挡吾？岂不闻古人曾有言，大厦将倾，非一木可支。（施耐庵《水浒全传》六九回）

大厦千间，不过身眠七尺

【释义】七尺：指男子身体的长度。指房子再多，一个人睡觉所占的地方也不过七尺。

【例句】 大厦千间，不过身眠七尺；咱二人虽则穷苦，现有干草铺垫，又温又暖，也算罢了。此时管保就有不如我们的。(《龙图耳录》四二回)

大事瞒不了庄乡，小事昧不住邻居

【释义】 庄乡：同乡人。比喻乡亲邻里最了解情况。

【例句】 大事瞒不了庄乡，小事昧不住邻居，谁家存粮缺粮，老街坊都摸个七成八脉的。（郭澄清《大刀记》一卷开篇）

大暑小暑，灌死老鼠

【释义】 大暑：二十四节气之一，在阴历 7 月 22、23 或 24 日。小暑：二十四节气之一，在阴历 7 月 6、7 或 8 日。意思是大暑和小暑是一年雨水最多的时节。

【例句】 这是大暑小暑，灌死老鼠的雨季，飞机不敢来。（柳青《铜墙铁壁》一九章）

大树底下好遮荫

【释义】 意思是在遮荫面积大的树下好乘凉。比喻有大的势力作靠山，容易办事。

【例句】 陈尚懿指点说，大树底下好遮荫，如今……你在本地虽有财势，终缺一个靠山。(罗旋《南国烽烟》一部一五)

大树砍不倒，小草站不牢

【释义】 比喻意志坚定的人不怕摧残，意志薄弱的人经受不住考验。

【例句】 奶奶对外人总称赞自已外孙聪明，云端提醒她说：“奶奶，你要把表弟惯坏啦。”邵老太太笑呵呵地说：“大树砍不倒，小草站不牢，人要是有出息，怎么宠也宠不坏。”（草明《乘风破浪》五章）

大水冲了龙王庙，一家人不认得一家人

【释义】 比喻自己人之间发生误会。

【例句】 那妇人听了，这才咧着那大薄片子嘴道：“你瞧，大水冲了龙王庙，一家人不认得一家人咧！那么着，请屋里坐。”（文康《儿女英雄传》七回）

大鱼吃小鱼，小鱼吃虾米

【释义】 比喻以大欺小，倚强凌弱。

【例句】 那时候，你也跟我们一样受上头的剥削、压迫呀！那叫作大鱼吃小鱼，小鱼吃虾米。（老舍《方珍珠》五幕）

大丈夫相时而动

【释义】 相时：察看时机。比喻有作为的人观察时机，依形势采取相应的行动。

【例句】 岂不闻古人有云，大丈夫相时而动，又曰趋吉避凶者为君子。依老爷这一说，不但不能报效朝廷，亦且自身不保，还要三思为妥。(曹雪芹《红楼梦》四回)

大丈夫一人做事一人当

【释义】 指有作为的人做事敢于承担责任，不牵连别人。

【例句】 你们这是干什么？货是我的，大丈夫一人做事一人当，你们为什么这样对待我大哥。(张渭清等《51 号兵站》四二)

大丈夫志在四方

【释义】 形容男子应该有远大志向。

【例句】 大丈夫志在四方，路见不平，宜乎拔刀相助。(俞达《青楼梦》八回)

大丈夫千金一诺，驷马难追

【释义】 比喻说话算数，绝不悔改。

【例句】 岂有此理！ 大丈夫千金一诺！ 驷马难追。(李渔《蜃中楼》九出)

E

恶人先告状

【释义】 指干了坏事的人常常抢先诬告受害者。

【例句】 郭标怕事情瞒不住，就恶人先告状，把事情推在周炳身上。（欧阳山《三家巷》四）

饿得死懒汉，饿不死穷汉

【释义】 懒汉会饿死，穷汉却不会被饿死，指穷并不可怕，只要勤劳，就会有出路。

【例句】 “傻丫头，有手有脚怕啥？自古说，饿得死懒汉，饿不死穷汉。别害怕，胆子大一些，有今天就有明天，只要活着，就有办法。”（草明《今天》）

饿慌的兔儿都要咬人

【释义】 指人走投无路被逼无奈的时候，什么事都干得出来。

【例句】 “说起来，这也怪不得，你想想看，饿慌的兔儿都要咬人，何况他们全是瘪起肚皮过日子？”（艾芜《南行记·荒山上》）

恩爱不过夫妻

【释义】 指夫妻之间恩爱最深。

【例句】 三嫂看看马家怪，心上说，夜来还是个活生生的好人，哪个做尽难事的，一下子就把年轻轻两口给拆散。伤心的两人并排排一齐哭。观音保明知旦他娘过于伤心，恩爱不过夫妻，一时哪能开导过来。（刘江《太行风云》一九）

儿大不由爹，女大不由娘

【释义】 指儿女长大了，就由不得父母做主了。

【例句】 （小白鞋）最后说："我的好婶子呀！真是儿大不由爹，女大不由娘呀！这丫头年纪大哩，自个疯了心，尽找做娘的出气。"（秦兆阳《说媒》一）

儿孙自有儿孙福，莫与儿孙作马牛

【释义】 指子孙后代自有他们的福份，做长辈的不必给他们当牛作马，过分操劳。

【例句】 儒、释、道三教虽殊，总抹不得孝悌二字。至于生子生孙，就是下一辈子，十分周全不得了。常言道得好：儿孙自有儿孙福，莫与儿孙作马牛。（冯梦龙《警世通言》卷二）

儿行千里母担忧

【释义】 儿女出远门远行，父母总是时刻牵挂，放心不下。

【例句】 “常言道‘儿行千里母担忧’啊！你娘虽说死了，还有我，还有你姐姐哩！心上牵你，孩子！”（梁斌《红旗谱》二）

耳不听，心不烦

【释义】 指不去了解发生了什么事情，心里也就不会烦闷。

【例句】 俗话说：耳不听，心不烦。潘一豹听到黎佽竟敢在太岁头上动土，背后骂自已，怎受得了？（陈登科《赤龙与丹凤》一部四）

耳听千遍，不如手过一遍

【释义】 听别人讲得再多，也不如自己动手做一回。指亲身实践是获得知识和技能的重要途径。

【例句】 钱老大说：“耳听千遍，不如手过一遍。这两天又拆卸开东方红拖拉机，重新装配咧！”（马烽《新任队长钱老大》）

耳闻不如目睹，目睹不如身受

【释义】 睹：看见。身受：亲身经历。指听到不如亲眼见到的可靠，亲眼见到不如亲身经历的感受深刻。

【例句】 “我的确有这样的体会，耳闻不如目睹，目睹不如身受。然而我的‘身受’毕竟有限。”（巴金《谈〈四号病室〉》）

F

法不上众

【释义】指法律只是用来惩处少数违法的人，不能用来对付众人。

【例句】老夏讲到这里，又觉得当局不一定那样残忍，尤其对青年学生，总要好一点。他说："常言说，'法不上众'，问题决定于群众情绪。"（梁斌《红旗谱》第三卷四十四）

凡事预则立，不预则废

【释义】任何事情，事先计划好、准备好就会成功，否则就会失败。

【例句】"凡事预则立，不预则废"，没有事先的计划和准备，就不能获得战争的胜利。（毛泽东《论持久战》）

放虎归山，必有后殃

【释义】比喻放掉坏人日后一定会受其伤害。

【例句】郝村副一听，马上想起巴山虎过去一连串的罪恶事实，若不弄死，放虎归山，必有后殃。（马烽、西戎《吕梁英雄传》六七回）又作"放虎归山，久后必要伤人"。例：谚云：

“放虎归山，久后必要伤人。”……今若将陈小槎轻予开释，万一挟嫌鼓荡起来，后害何堪设想呢？（也是道人《带印奇冤郭公传》二七回）

放之四海而皆准

【释义】《礼记·祭义》：“夫孝……推而放诸东海而准，推而放诸西海为准，推而放诸南海而准，推而放诸北海而准。”后作“放之四海而皆准”，指用到任何方面都可以作为准则。

【例句】马克思、恩格思、列宁、斯大林的理论，是“放之四海而皆准”的理论。（毛泽东《中国共产党在民族战争中的地位》）

飞蛾投火，自取焚身

【释义】比喻自寻死路，自取灭亡。

【例句】偏偏的又投了这凶僧的一座恶庙，正谓“飞蛾投火，自取焚身”。（文康《儿女英雄传》八回）

肥水不流别人田

【释义】 比喻不能把好处分给别人。

【例句】 "俗语说肥水不流别人田，我倒不愿意我们村里的好姑娘，流到别的村子去。"（残云《香飘四季》一五）

逢人且说三分话，未可全抛一片心

【释义】 指对人要存有戒心，说话要有所保留，不能把心里话都说出来。旧时常来劝诫涉世不深的年轻人。

【例句】 "一言抄百语，你逢人且说三分话，未可全抛一片心，切记，切记！"（文康《儿女英雄传》三回）

佛靠金装，人靠衣装

【释义】 指衣着打扮对展示人的外貌、仪表十分重要。

【例句】 起初入宫，因家况艰难，只置了几件布衣粗服，至此蒙恩受赏，把衣饰尽换掉，越显得玉质金相。俗话说得好，佛靠金装，人靠衣装，确是阅历有得的话头。（蔡东藩《慈禧太后演义》四回）

夫妻本是同林鸟，大限来时各自飞

【释义】 大限：旧指寿数已尽，注定死亡的期限。

形容夫妻不能彼此相顾时，只得各自保全自己而被迫分离。

【例句】“夫妻本是同林鸟，大限来时各自飞。夫人，我也只保得自己性命，保不得你了。”（佚名《冯玉兰》二折）

夫妻没有隔夜的仇

【释义】指夫妻之间的矛盾很快就会消除。

【例句】别这么说呀，大嫂，夫妻没有隔夜的仇。大哥既肯让步，大嫂也就用不着再生气了。（老舍《残雾》三幕）

G

盖棺论始定

【释义】 指人的是非功过在死后才能作出公正的评价。

【例句】 假如王莽早死了十八年，却不是完全名节，一个贤宰相，垂之史册，不把恶人当做好人么？所以古人说："日久见人心。"又道："盖棺论始定。"不可以一时之誉，断其为君子；不可以一时之谤，断其为小人。（《京本通俗小说·拗相公》）

甘蔗没有两头甜

【释义】 甘蔗茎的上端不甜，越到根部越甜。比喻事情不能两全其美。

【例句】 那五百块钱，对他的魔力也不小。最好是既能弄到这笔意外之财，又不出事儿。可人常说：甘蔗没有两头甜。（张恩忠《龙岗战火》一二章二）

赶早不赶晚

【释义】 指办事要尽量赶早。

【例句】 这事，说去就去，赶早不赶晚哩！（梁斌《红旗谱》卷一·二三）

钢刀虽利，不斩无罪之人

【释义】比喻执法严明，不滥杀无辜。

【例句】钢刀虽利，不斩无罪之人。莫有无罪底么，也好有与三十拄杖。（普济《五灯会元》卷一七）

高鸟相良木而栖，贤臣择明主而佐

【释义】就像鸟选择好树栖息一样，贤良臣子选择贤明的君主辅佐。

【例句】“将军，你主公已是死了，你不投降，更待何时，岂不闻高鸟相良木而栖，贤臣择明主而佐。”（高仲贤《单鞭夺槊 · 楔子》）

胳膊拧不过大腿

【释义】比喻小不胜大，弱难胜强。

【例句】“拿我来说，和沙漠斗来斗去，什么法子没想过？什么罪没受过？流了泪又流了汗，流了汗又流血！临了，还是胳膊拧不过大腿。”（杜鹏程《瀚海新歌》四）

胳膊肘子往外拐

【释义】比喻自己人不护着自己人，反而护着外人。

【例句】“咱们是老朋友！铁牛又是你兄弟，不能胳膊肘子往外拐。”（老舍《王老虎》四幕）

割不断的亲，打不断的邻

【释义】 指与亲友、邻居难免有争吵，但不会断绝往来。

【例句】 “俗云：‘割不断的亲，打不断的邻。’你们生了气也没用。”（清·西泠野樵《绘芳图》一九回）

隔行如隔山

【释义】 指行业不同，就像隔着山一样互不了解。

【例句】 有道是隔行如隔山。郎君乃朝廷少年将校，只会打仗，弹琵琶却是外行啊。（田汉《琵琶行》二场）

隔墙有耳

【释义】 指须提防私下谈话被人窃听。也指背着人干的事、说的话总会被人知道。

【例句】 自古道：隔墙有耳。房德夫妻在房说话时，那婆娘一味不舍得这绢匹，专意撺唆老公害人，全不提防有人窥听。（西周生《醒世恒言》卷三〇）

各人自扫门前雪，莫管他人瓦上霜

【释义】比喻各人只管自己的事，不要去管别人的事。

【例句】然而也有经过许多人经验之后，倒给了后人坏影响了，如俗语说“各人自扫门前雪，莫管他人瓦上霜”的便是其一。（鲁迅《南腔北调集·经验》）

跟着好人学好人，跟着巫婆下假神

【释义】巫婆：女巫。指跟什么人接近，就会受到什么样的影响。强调环境对人的影响非常重要。

【例句】他人大心大了。俗话说，跟着好人学好人，跟着巫婆下假神！天天和特务们花天酒地的鬼混，就是成佛作祖的人，也难说他不变心。（冯志《敌后武工队》二一章五）

跟着勤的没懒的，看着硬的没软的

【释义】比喻接触勤奋的人自己就不会懒惰，接近坚强勇敢的人自己也不会软弱。

【例句】跟着勤的没懒的，看着硬的没软的。指挥员勇敢沉着，以身作则，就是无声的命令，就是有力的政治动员，肯定能打胜仗。（王恺《碧雾港》三章）

功不成，名不就

【释义】 指在功名和事业方面都没有取得成功。

【例句】 “若是老爷就是这样做法，到了功不成，名不就的时候，老爷说奴才没良心……不告诉老爷。”（曹雪芹《红楼梦》九九回）

功到自然成

【释义】 指只要坚持不懈就一定能成功。

【例句】 师父不必挂念，少要心且自放心前进，还你个“功到自然成”也。（吴承恩《西游记》三六回）

公道自在人心

【释义】 指公众自然会对是非曲直作出公正的判断。

【例句】 衙役来禀，说：“外面一时聚集了千余人来打听老爷的消息，若有事故，大家都要往省城去保留。”方公道：“难得难得，可见公道自在人心。”（镜湖逸叟《雪月梅传》四二回）

公门里好修行

【释义】 公门：衙门。修行：做好事、行善积德。旧指在官府里为人做好事方便，机会多。

【例句】 从来说得好，“公门里好修行”，又道是“救人一命，胜造七级浮屠”，你大爷救他一命，就是救他一家。（吴沃尧《糊涂世界》卷六）

公婆难断床帏事

【释义】床帏：床帏，指夫妻之间。指做父母的难以公断晚辈夫妻之间的事情。

【例句】如今又勾搭上丫头，被他说霸占了去，他自己反要占温柔让夫之礼。这魇魔法究竟不知谁做的，实是俗语说的清官难断家务事，此时正是公婆难断床帏事了。（曹雪芹《红楼梦》八〇回）

公说公有理，婆说婆有理

【释义】指争执的双方各说各的理由，互不相让。

【例句】“太后听儿子说的也有一番道理，真是‘公说公有理，婆说婆有理’，到底什么人有理什么人错，我这会也断不了。”（秦纪文《再生缘》七一回）

恭敬不如从命

【释义】指与其对人过分谦恭，不如顺从他的意志。

【例句】薛姨妈说：“我老天拔他，不合你们的群儿，我倒拘的慌，不如我到厅上随便躺躺去倒好。”探春笑道：“既这样，恭敬不如从命。”（曹雪芹《红楼梦》一五回）

狗不嫌家贫，人不嫌地薄

【释义】指人不会嫌弃自己家乡贫穷，只会思念家乡的美好。

【例句】人常说，狗不嫌家贫，人不嫌地薄。咋坏个去处，谁也爱见自己家乡。（刘江《太行风云》五三）

狗急跳墙，兔急咬人

【释义】比喻人在走投无路陷入绝境时，什么事都干得出来。

【例句】走私船在我干警大队的紧追下，狗急跳墙，兔急咬人，竟然掉转船头，迎面撞来。

狗咬狗，两嘴毛

【释义】比喻坏人之间毫无意义的争斗。

【例句】可是后来觉得这场官司，打来打去，不过是两家地主为了女人争风吃醋，不由得暗笑，心想："狗咬狗，两嘴毛罢了！"（梁斌《红旗谱》卷三·四三）

狗咬尿泡空欢喜

【释义】尿泡：充了气的猪、羊的膀胱。比喻空欢喜一场，一无所获。

【例句】金莲道："……俺们是买了母鸡不下蛋，莫不杀了我不成。"又道："仰着合着，没的狗咬尿泡空欢喜。"（《金瓶梅》三〇回）

狗嘴里掏不出象牙

【释义】 比喻坏人嘴里说不出好话来。

【例句】 “父亲，和这等东西有什么好话，讲出什么理来。狗嘴里掏不出象牙。向前打这贪酒不干营生糟丑生贼弟子孩儿。”（高文秀《遇上皇》一折）

鼓不敲不响，钟不撞不鸣

【释义】 比喻心里有什么话不说出来，别人是不会明白的。也比喻做什么事，总会引起相应的反应。

【例句】 “鼓不敲不响，钟不撞不鸣。我学生既要成就这段姻缘，只得从实说了。”（《好逑传》一六回）

故土难离

【释义】 故土：家乡。指人舍不得远离家乡。

【例句】 “俗话说：‘故土难离。’我想他们总还在附近，不会跑得太远的。”（陈立德《城下》一三）

寡妇门前是非多

【释义】 指寡妇和男人接触多了容易招惹是非。

【例句】 真是熬了星星盼月亮，熬过初一等十五。后来可说是熬出来了，真是寡妇门前是非多，又出了她跟小五那场事。白天不出门，黑夜泪湿枕。（刘江《太行风云》五八）

官逼民反，民不得不反

【释义】 指官府逼得百姓走投无路，百姓不得不起来反抗。

【例句】 “混账东西！你想煽动百姓造反呀？”“我倒没有那么大本事，只怕是官逼民反，民不得不反！”（张行《武陵山下》一〇）

官大一品压死人

【释义】 品：旧时官吏的等级。指旧时社会等级森严，上级官吏可以凭借手中权力欺压下级。

【例句】 常言说：官大一品压死人。杜歪脖这个小队长怎敢违抗邢斌武的命令？（田东照等《龙山游击队》二八章二）

官官相护

【释义】 指官吏之间相互袒护、包庇。

【例句】 赵成又想：“这婆娘利害，倘在那边，一五一十，说出这些缘故，他们官官相护，一时翻转

脸来，寻我的不是，可不老大利害，莫把家例与他认得。”（天然痴叟《石点头》第十卷）

关公面前耍大刀

【释义】关公：三国时蜀国大将关羽，擅用大刀。比喻在行家和高手面前卖弄本领。同班门弄斧。

【例句】你这套茶经，才真是鲁班门前弄大斧，关公面前耍大刀。（刘波泳《秦川儿女》三六章）

光棍不吃眼前亏

【释义】指聪明的人在不利的情况下暂时回避、忍让。

【例句】“你斗不过对过的人呀，光棍不吃眼前亏，忍耐些好。等你令弟回来再出这口气。”（王少堂《武松》二回）

光棍眼里不揉沙子

【释义】正直的人容不得不平事。

【例句】俗语说的好，光棍眼里不揉沙子。何况一炉香灰，恶道如何禁得起。（石玉昆《三侠五义》八回）

光说不算，做出再看

【释义】光说得好听是不算数的，要看实际干得怎么样。指凡事重在行动。

【例句】 郭振山现时还不服气梁生宝。咱再看他一两年，看他服气不服气。咱们现时在支委会上把振山老大斗争三个月，他就服气梁生宝了吗？俗话说：光说不算，做出再看！（柳青《创业史》二部八章）

光阴似箭，日月如梭

【释义】 光阴流逝如飞箭，日月交替如穿梭。形容时间过得快。

【例句】 光阴似箭，日月如梭，倏忽这红莲女长成一十六岁，这清一如自生的女儿般看待。（冯梦龙《古今小说》卷三〇）

归师勿掩，穷寇莫追

【释义】 归师：撤退的军队。掩：乘人不备进行袭击。穷寇：濒于绝境的敌人。指对败退的敌军不要袭击，对走投无路的残敌不要死追，以防他们反扑，做垂死挣扎。

【例句】 吾料魏延、王平、马谡、高翔等辈必先去据阳平关。吾若去取此关，诸葛亮必随后掩杀，中其计矣。兵法云：“归师勿掩，穷寇莫追。”汝可从小路抄箕谷退兵。（罗贯中《三国演义》九五回）

贵人多忘事

【释义】指地位高的人容易忘掉小事。原来形容达官贵人对人傲慢，后多用于诙谐语气。

【例句】“啊哟，你现在是得意了，——地位高了，朋友也多了。贵人多忘事，怪不得你记不起我这老同学，老朋友。”（茅盾《腐蚀》）

国不可一日无王，家不可一日无主

【释义】指一个国家或一个家庭都要有主事的人。

【例句】国一日不可无王，家一日不可无主。古语真说不差的。我才出去得半日，家中便生出事端来，还喜我归家劝住，不然，连屋也要被他拆去。（《照世杯·掘新坑悭鬼成财主》）

国家兴亡，匹夫有责

【释义】指国家的兴盛和衰亡，每个人都有责任。

【例句】虽然国家兴亡，匹夫有责，但在位者不讲信用，专责“匹夫”。（鲁迅《两地书》八八）

国以民为本，民以食为天

【释义】百姓是国家的根本，食粮又是百姓的生命。指统治者应当高度重视粮食问题。

【例句】“国以民为本，民以食为天，今岁年谷歉收，粟米将贵，君可请贷于吴，以救民饥。”（冯梦龙、蔡元放《东周列国志》八一回）

过了这个村儿，没这个店儿

【释义】比喻机会难得，不要错过，错过了不会再来。

【例句】“你要说定亲这件事‘没要紧’，自古‘不孝有三，无后为大’，况且俗话说的，‘过了这个村儿，没这个店儿’，你要再找我妹妹这么一个人儿，只怕你走遍天下，打着灯笼也没处找去。”（文康《儿女英雄传》九回）

【岁华纪胜图】册 局部［明］吴彬　中国台北故宫博物院藏

【岁华纪胜图】册 局部 ［明］吴彬 中国台北故宫博物院藏 68-3

H

海水不可斗量，人不可貌相

【释义】海水的多少是用斗量不出来的，人的才能从外表上是看不出来的。

【例句】慢说包公思想，众排军惊骇，窑外观看众民，也交头接耳，都称奇异。再不想这求乞妇人，是一位当今的国母。一人言道：“曾记前十载道门讨食，孩儿尚幼，哭哭哀哀，被我痛骂，方才走去。早知她是当今太后，也不该如此轻慢她，果然海水不可斗量，人不可貌相。”（李雨堂《万花楼》第四十八回）

海阔凭鱼跃，天高任鸟飞

【释义】比喻有志气，抱负的人可以在广阔的天地里自由地施展才能。

【例句】（老母）对唐僧叫道：“和尚，不要走了，快早儿拨马东回，进西去都是死路。”唬得个三藏跳下马来，打个问讯道：“老菩萨，古人云海阔凭鱼跃，天高任鸟飞，怎么西进便没路了？”（吴承恩《西游记》八四回）

害人之心不可有，防人之心不可无

【释义】不可存心害人，但不能不提防别人加害自己。

【例句】马本斋对三弟关切地说：“出门在外，尤其是生活在这种环境里，凡事都要多长个心眼儿。老人们常说，害人之心不可有，防人之心不可无呀！”（马国超等《马本斋》一二章）

行行出状元

【释义】状元：旧时科举制度称殿试一甲（第一等）第一名，比喻某一行业中成绩最好的人。指各行各业都有杰出人才。

【例句】张老道：“姑爷，俗话儿说的‘行行出状元’，又说‘好汉不怕出身低’，那一行没有好人哪！就是强盗里也有不得已而落草的！”（文康《儿女英雄传》一一回）

行家看门道，外行看热闹

【释义】指内行人能看到实质，外行人只能看到表面现象。

【例句】哎呀，人家剑法太高了！行家看门道，外行看热闹。（刘兰芳、王印权《岳飞传》九三回）

行家伸伸手，便知有没有

【释义】比喻内行人的经验丰富，只需要稍稍动手就可以知道实际情况如何。

【例句】这个放炮突击队……就这样干了三天，原先的那批自高自大闹小宗派的放炮班一看，他们那一套“拿糖”的办法就吃不开了，就自动向行政上要求，从原来二十四个人中减去十个人，同时劳动态度也改变了。鲁东山述完了改变这放炮班的经过，他说：“……这叫做行家伸伸手，便知有没有。”（萧军《五月的矿山》一一章）

好马不吃回头草

【释义】比喻做过的事不会再做，决不走回头路。

【例句】常言好马不吃回头草，料想延寿寺自然不肯相留，决无再入之理。（天然智叟《石点头》卷六）

好处安身，苦处用钱

【释义】比喻碰上条件好的地方就要随时安身，在遭遇麻烦或遭受苦难的时候要舍得花钱。在困难时要舍得花钱疏通关系，以求摆脱困境。

【例句】禁子们又来乱打。三藏苦痛难禁，只叫：“悟空！怎的好！”行者道：“他打是要钱哩。常言道：‘好处安身，苦处用钱。’如今与他些钱，便罢了。”（吴承恩《西游记》九七回）

好钢要使在刀刃上

【释义】比喻无论财力、人力都要用在最需要的地方。

【例句】“我把他那个什么街心花园啦，给砍掉。好钢要使在刀刃上，你回去吧，扔掉这希望渺茫的龙虎滩，咱们在田家庄一块正正规规地办工业。”（张天民《创业》二一章）

好狗不拦路

【释义】指好人从来不阻拦别人行事。含有叱责之意。

【例句】“去你的吧！好狗不拦路，你不领，别拦着别人！”（艾明之《火种》一卷八章）

好狗不咬鸡，好汉不打妻

【释义】比喻一个优秀的丈夫从不随便欺负妻子。

【例句】茂源老汉脸上的肌肉气得直颤:“好狗不咬鸡，好汉不打妻。小庚啊，你随便欺侮人，总不应该吧？！”（韩志君等《辘轳、女人和井》一〇）

好汉不吃眼前亏

【释义】比喻精明的人能见机行事，处境不利时，暂作忍让，避免吃亏受辱。

【例句】周老爷听了，气得半天说不出话来。意思待要发作两句，既而一想：“好汉不吃眼前亏。且让他一步，再作道理。”（李伯元《官场现形记》一七回）

好汉不怕出身低

【释义】指有志气有作为的人不论出身。

【例句】张老道：“姑爷，俗话儿说的‘行行出状元’，又说‘好汉不怕出身低’，哪一行没有好人哪！就是强盗也有不得已而落草的！”（文康《儿女英雄传》一一回）

好汉不贪色，英雄不贪财

【释义】指英雄好汉不会受金钱或女色的诱惑。

【例句】他特别警戒响锣："好汉不贪色，英雄不贪财，贪色贪财就不是英雄好汉。"（巴人《莽秀才造反记》一八章）

好汉不提当年勇

【释义】指有作为的人从不在人前炫耀自己过去的所作所为。

【例句】"瞧，又夸喜峰口了，就像武松夸他的景阳岗似的。好汉不提当年勇，瞧你们今天的吧。"（田汉《卢沟桥》二幕）

好汉护三村，好狗护三邻

【释义】三村：泛指附近村庄。三邻：泛指邻居。指英雄好汉理当保护和帮助邻里、乡亲。

【例句】咱们都是老少乡亲哪！常言说好汉护三村，好狗护三邻哩！我何世昌虽然不敢说是好汉，难道我连一条好狗都不如吗？（刘流《烈火金刚》一三回）

好汉流血不流泪

【释义】英雄好汉可以流血牺牲，但决不流泪哭泣。

【例句】"我哭过，也记得你劝过我，说好汉流血不流泪。老实讲，我也不是为了自己哭呀！"（里汗《新绿林传》二〇）

好汉只怕病来磨

【释义】 指即使是体魄健壮的男子也经受不起疾病的折磨。

【例句】 田彪笔挺挺地躺着，脸色就跟白桦皮一样寡白，两眼紧闭，四肢冰凉，呼吸微弱！好汉只怕病来磨呀，昨天还是天真活泼的小青年，今天竟成了这个样！（柳炳仁《玉树琼花》四章一〇）

好汉做事好汉当

【释义】 指英雄好汉，做事敢于承担责任。

【例句】 “为人坐得正，不怕影子斜。好汉做事好汉当嘛！你什么时候见过我刘春胆小怕事的？”（武剑青《云飞嶂》八章三）

好花不常开，好景不常在

【释义】 指美好的事物多不能持久。

【例句】 “王厂长，看来你的气数已尽。不过，你也不要难过。好花不常开，好景不常在。你已

经完成历史使命，你的宣传价值已经实现了。”（谌容《走投无路》）

好记性不如烂笔头

【释义】 指再好的记忆力也不如用笔记录下来的可靠。

【例句】 好记性不如烂笔头。经常作读书笔记，可以不断提高自己的语文、写作能力。（亚男《不动笔墨不读书》）

好酒不怕巷子深

【释义】 指虽在偏僻深巷里，只要酒好，就有人找上门来买。比喻只要货真价实，必能取信于人。

【例句】 俗话说：“好酒不怕巷子深。”商品要提高服务质量，功夫要下在“好酒”——好的商品和好的服务态度上。（《功夫应下在哪里？》《人民日报》1980年10月12日）

好事不出门，坏事传千里

【释义】 意谓好的事情不容易宣扬出去，坏事却传播得很远。

【例句】 那妇人自当日为始，每日踅过王婆家里来，和西门庆做一处，恩情似漆，心意如胶。自古到：“好事不出门，坏事传千里。”不到半月之间，街坊邻居，都知得了，只瞒

着武大一个不知。（施耐庵《水浒全传》第二十四回）

好媳妇难为无米之炊

【释义】比喻没有必要的条件，再有本事的人也办不成事。

【例句】若夫有司虽悯雨恤灾，尽力周旋，顾其力能行于法守之所及，而不能行于法守之所不及，能为于官民之藏之所有余，而不能为于官民之藏之所不足，若使官民尽遗，固亦如之何，俗所谓“好媳妇难为无米之炊”也。（唐顺之《与吕沃洲巡按》）

好事多磨

【释义】指称心如意的事情往往要经受很多挫折和磨难才能成功。多指爱情、婚姻的磨难。

【例句】真所谓佳期难得，好事多磨。（董解元《西厢记》卷一）

好死不如赖活着

【释义】赖：不好。指痛痛快快地死去不如忍受一切勉强活下去。

【例句】（老赵）我知道！可是我才不怕！六十岁了，也该死了，我怕什么！（大妈）别那么说呀，好死不如赖活着！（老舍《龙须沟》一幕）

好心当作驴肝肺

【释义】 比喻好心为人做事，反而遭到误解和诬陷。

【例句】 “好心当作驴肝肺，尽冤枉人家对你的苦心。”（李英儒《还我河山》一一章）

荷花虽好，也要绿叶扶持

【释义】 比喻再有本事的人，也需要有人扶助支持。

【例句】 人是要有帮助的。荷花虽好，也要绿叶扶持。一个篱笆要打三个桩，一个好汉要有三个帮。单干是不好的，总是要有人帮。（毛泽东《在中国共产党全国代表会议上的讲话》）

黑猫白猫，能抓老鼠就是好猫

【释义】 比喻判断事物的好坏，主要是看实际效果。

【例句】 “我同意！黑猫白猫，能抓老鼠就是好猫。这个建议既能增产，又能节约，我们当然应该这么干！”（艾明之《伟大的起点》（影剧）九）

横挑鼻子竖挑眼

【释义】 形容百般挑剔，故意为难。

【例句】 “他横挑鼻子竖挑眼！倒好像他立下汗马功劳，得由我跪接跪送才对。”（老舍《龙须沟》三幕）

横说横有理，竖说竖有理

【释义】 指强词夺理，怎么说都有理。

【例句】 那怕你横说横有理，竖说竖有理。（钟祖芬《招隐居》七出）

红颜自古多薄命

【释义】 旧谓美女大多命运不好、寿命不长。

【例句】 然亦随遇而安，听天由命罢了。正是：红颜自古多薄命。（随缘下士《林兰香》五回）

呼天天不应，叫地地不灵

【释义】 比喻求告无门、束手无策、无计可施。也作“呼天不闻，叩心无益”。

【例句】 任你呼天天不应，纵然叫地地不灵！如今是前进无门，退也无路，也惟有全节一死把心明。（佚名《子弟书·湘云醉酒》）

狐狸再狡猾也斗不过好猎手

【释义】 比喻坏人不管怎样狡猾多变、诡计多端，也不可能战胜有本事的好人。

【例句】 狐狸再狡猾也斗不过好猎手哇！有关联络图的事儿，他的口供跟“野狼嗥”倒是一致的。（京剧《智取威虎山》四场）

虎心隔毛翼，人心隔肚皮

【释义】 比喻人的心思难以猜透。

【例句】 常言说，“虎心隔毛翼，人心隔肚皮。”谁能说准张敬轩在谷城投降后安的什么心？（姚雪垠《李自成》卷一·一九章》）

虎毒不食子

【释义】 比喻再凶恶的人，也不会伤害自己亲生的孩子。也指长辈不会伤害亲近自己的晚辈。

【例句】 （行者）又思量道：“不打杀他，他一时间抄空儿把师父捞了去，却不又费心劳力去救他？……还打的是！就一棍子打杀他，师父念起那咒，常言道：‘虎毒不食子。’凭着我巧言花舌，嘴伶舌便，哄他一哄，好道也罢了。”（吴承恩《西游记》二七回）

虎父无犬子

【释义】 比喻威武的父亲不会养育出懦弱无能的儿子。

【例句】 二小将便取韩当、周泰。韩、周二人，慌退入阵。先主见之，叹曰："虎父无犬子也！"（罗贯中《三国演义》八三回）

花落花开自有时

【释义】 花开、花落都有一定的时期。比喻各人时运的好坏是有定数的。

【例句】 争如独坐明窗下，花落花开自有时。（普济《五灯会元》卷一七）

花无百日红

【释义】 花不可能久开不败，比喻好景不长。

【例句】 人无千日好，花无百日红。早时不算计，过后一场空。（杨文奎《儿女团圆·楔子》）

画饼充饥

【释义】 指靠凭空想象或徒有虚名难以解决实际问题。

【例句】 师遂归堂偏检所集诸方语句，无一言可将酬对，乃自叹曰："画饼充饥。"（道原《景德传灯录》卷一一）

患难见知交，烈火现真金

【释义】比喻只有在患难中才能看清谁是真正的朋友，就像只有在烈火里才能显现出真正的黄金。

【例句】患难见知交，烈火现真金，在关键时刻，最能看出一个人的高尚品质。（峻青《雄关赋·乡情》）

换汤不换药

【释义】比喻只改变形式，不改变实质内容。

【例句】北伐军来了，只是多添了些新军阀和新政客。……人们都说，这是换汤不换药，也不过如此而已！（梁斌《红旗谱》卷一·二二）

皇天不负好心人

【释义】皇天：天。旧指老天爷不会亏待好心肠的人。

【例句】他抛我到江里，赌着我娘家有替我出气的兄弟哩！这明白因我修道虔诚，神灵指引，起先拿梦儆我，如今又得二位师傅开导，真是“皇天不负好心人”。可见人只是该要学好。（冯梦龙《醒世姻缘传》第八十五回）

黄泉路上无老少

【释义】黄泉：地下的泉水，也指阴间。凡人无论年纪大小都有随时死亡的可能。

【例句】“哥哥，黄泉路上无老少，小弟如有不测，我的家小也要望大哥照应。”（王少堂《武松》六回）

会看的看门道，不会看的看热闹

【释义】门道：做事的诀窍；解决问题的关键。指内行观察事物，寻找内在的规律性，外行只会在表面上看看热闹。

【例句】常言说：“会看的看门道，不会看的看热闹。这些花鸟都有个讲究。你看，这上面是凤凰戏牡丹，这就叫“花开富贵”；这两边是菊花，“菊”和“举”同音，这就叫“举家欢庆”。（魏魏《东方》一部六章）

浑水摸鱼

【释义】指趁着混乱之机钻空子，猛捞一把。

【例句】也有少数豪门，凭借特殊的权位，浑水摸鱼，越来越富，越花越有。（朱自清《况且顾眼前》）

活到老，学到老

【释义】 形容学无止境。

【例句】 谚云："活到老，学到老。"头发虽然白了，但在许多方面自己还只是个涉世未深的嫩头。（老鱼《白发》）

J

机不可失，时不再来

【释义】指时机到来时不要轻易放过，否则，会后悔莫及。

【例句】眼下正处于三伏，恰是积肥沤肥的大好时机。俗话说：“机不可失，时不再来。”（侯树槐《大地的留意·刀笔邪神》）

饥不择食，寒不择衣

【释义】指人身处困境，急于满足所需，来不及选择。

【例句】自古有几般：饥不择食，寒不择衣。鲁达心慌抢路，正不知投哪里去的是，一迷地行了半月之上，在路却走代州雁门县。（施耐庵《水浒全传》三回）

鸡蛋里挑骨头

【释义】比喻无中生有、故意找茬、百般刁难。

【例句】要让鸡蛋里挑骨头的人也找不出毛病。（杜鹏程《在和平的日子里》六章）

鸡蛋碰石头

【释义】比喻不自量力。

【例句】“他撒个娇儿，太太也得让他一二分，二奶奶也不敢怎么。你们就这么大胆子小看他，可是鸡蛋碰石头！”（曹雪芹《红楼梦》五五回）

鸡多不下蛋，人多吃闲饭

【释义】比喻人多了如果组织不好，就会事与愿违。

【例句】“鸡多不下蛋，人多吃闲饭啊！你想想，庄上会编芦席的青年妇女就有二十多个，有的人还有奶头孩子，要是把这些人都组织到一起来，这个吵，那个闹，孩子哭，大人叫，哪里还能搞生产哩。”（陈登科《风雷》一部一四章）

鸡飞蛋打一场空

【释义】指一切化为泡影，计划完全落空了。

【例句】“不要想得太甜了，就怕鸡飞蛋打一场空哩！”（罗旋《南国烽烟》一不六）

鸡犬之声相闻，老死不相往来

【释义】指彼此之间断绝往来。

【例句】邻国相望，鸡犬之声相闻，民至老死，不相往来。（《老子》八〇）

积善之家有余庆，积恶之人有余灾

【释义】 多做好事的人家能造福子孙后代，恶事做多的人家没有好下场。

【例句】 “积善之家有余庆，积恶之人有余灾，你哥哥的顺利与其说是他有本事，还不如说是咱们陈家过去几代积成的善果。”（老舍《新时代的旧悲剧》一）

疾风知劲草

【释义】 疾风：猛烈的风。劲：刚强有力。比喻艰苦危急中才能显出一个人的品格、能力。

【例句】 古人说“疾风知劲草”，所以必定要到危难的时候，才看得出好人来的。（张恨水《啼笑因缘》一九回）

己所不欲，勿施于人

【释义】 指自己不喜爱的东西或不愿意做的事，不要强加给别人。

【例句】 中国古话说：“己所不欲，勿施于人。”我们反对外来干涉，为什么会去干涉别人的内政呢？（周恩来《在亚非会议全体会议上的发言》）又作“己所不欲，毋加诸人”。

家和万事兴

【释义】 指一家和睦相处，家业就会兴旺起来。

【例句】 大凡一家人家过日子，总得要和和气气，从来说“家和万事兴”何况媳妇又没犯甚么事！（吴趼人《二十年目睹之怪现状》八七回）

家家都有一本难念的经

【释义】 比喻每家都有各自的难处。

【例句】 以心比心，以情比情，家家都有一本难念的经，谁也不能替别人念呀！（浩然《金光大道》二部五三）

家贼难防

【释义】 家里人偷东西难以防范。比喻隐藏在内部的敌人最难以防范。

【例句】 曰：“自古自今同生同死时如何？”师曰：“家贼难防。”（普济《五灯会元》卷五四）

嫁出去的女儿，泼出去的水

【释义】 旧时认为嫁走的闺女就像泼出去的水一样，父母就不再过问了。

【例句】 “俺才不怕呢。‘女大不认娘’，大了就跟人家走啦。‘嫁出去的女儿，泼出去的水’，做妈的也省了操这份心啦。”（冯德英《苦菜花》一四章）

嫁汉嫁汉，穿衣吃饭

【释义】旧指女子嫁人是为了吃穿有依靠。

【例句】嫁汉嫁汉，穿衣吃饭。有把老婆饿起来的么？（石玉昆《三侠五义》二四回）

嫁鸡随鸡，嫁狗随狗

【释义】旧时指女子出嫁从夫，无论嫁给什么样的人，都得随从，没有选择命运的权力。

【例句】他到哪儿她也跟到哪儿。夫妻嘛，理应如此。嫁鸡随鸡，嫁狗随狗。（老舍《鼓书艺人》一八）

捡了芝麻，丢了西瓜

【释义】只顾了小的和次要的方面，丢掉了大的和主要的方面。比喻做事情分不清主次。

【例句】做起工作来还肯干，就是没有底数，常是捡了芝麻，丢了西瓜。（梁斌《翻身记事》三〇）

见人说人话，见鬼说鬼话

【释义】指见到什么人说什么话。形容人灵活变通、处世圆滑。

【例句】嘴巴会说，见人说人话，见鬼说鬼话，见了官场就说官场上的话，见了生意人就说生意场上的话。（李伯元《官场现形记》三八回）

江山易改，禀性难移

【释义】江山：江河山岭。禀性：本性。指河山容易改造，但人的本性很难改变。多指一个人多年形成的思想、作风、习惯等，难以改变。

【例句】他虽然年纪大了，犹恐这副心肠终究是不换的。岂不闻古语说的，道是："江山易改，禀性难移。"（吴璿《飞龙全传》三回）

姜是老的辣

【释义】比喻人越老经历越多，办事越老练。

【例句】对于当老子的那种老谋深算，洞察世情，何守仁敬佩得五体投地，心里想："姜是老的辣，一点不假！"（欧阳山《苦斗》六一）

将门出虎子

【释义】将门：将帅的家门。比喻将门子弟，武艺必然高强。

【例句】 文广已知道身旁这员战将是呼延庆的儿子，心里说：将门出虎子！看他那个虎势劲儿，跟他爹一模一样！（张贺芳《呼杨合兵》五三回）

将在外，君令有所不受

【释义】 旧指将军在外领兵作战，可以权宜行事对国君或上司的某些不合理的命令可以不执行。

【例句】 他现忠于国王，也很知道国王不信任我。我突然去接收他的兵权，他是会怀疑的，更何况将在外，君令有所不受啦。（郭沫若《虎符》二幕）

教会徒弟，饿死师傅

【释义】 旧谓师傅把技术传给徒弟后，因为没有保留绝活儿，往往竞争不过徒弟而失业。

【例句】 教会徒弟，饿死师傅。我三次带了十八个徒弟，徒弟的劳金贱，掌柜的就不用我，我就失了三次业。（曲波《桥隆飙》一）

狡兔有三窟

【释义】 比喻聪明的人常准备几条避祸的退路，以保安全。

【例句】 大姑道：“我知道，你早已想好退路，想洗

手不干了。”天雄不承认也不否认：“狡兔还有三窟，何况是人。”（司马文森《风雨桐江》七章一）

叫天天不应，叫地地不灵

【释义】 形容处境困难，呼告、求救无门。

【例句】 当时的农民，叫天天不应，叫地地不灵，才坚决的走上抗日的道路，并且建立了政治信仰。（孙犁《风云初记》三二）

金窝银窝不如自家穷窝

【释义】 比喻别的地方再好，也不如自己长年久住在家好。

【例句】 偏头风发起火来，训斥道：“上山不上山，我能弃掉这家业上山吗？眼看着黄金般的谷子就要进仓了，能撒手不管吗？还有我这六角楼，也能上山吗？金窝银窝不如自家穷窝，我不走。”（武剑青《云飞嶂》第八章二）

金无足赤，人无完人

【释义】金没有成色十足的，人没有完美无缺的。常指人或物难免会有缺点，不能求全责备。

【例句】金无足赤，人无完人。刘绍棠的弱点是面软，常常干违背自己心意的事情。（郑恩质《大运河之子—刘绍棠》下）

金玉其外，败絮其中

【释义】指外表像金玉，里面却是破棉絮。比喻外表好而实质丑恶的人，或事物徒有虚表。

【例句】难怪人说长皮不长肉，中看不中吃！这才真是金玉其外，败絮其中呢！（欧阳山《三家巷》一）

近水楼台先得月，向阳花木早迎春

【释义】指建筑在水边的楼台先得到月光，向着太阳的花木容易长得茂盛。比喻由于所处位置优越而获得优先的好处或机会。

【例句】后勤干部，特别是领导干部也要以身作则，不要“近水楼台先得月，向阳花木早迎春”。一定要廉洁奉公，当好管家。（邓小平《在全军政治工作会议上的讲话》）

近朱者赤，近墨者黑

【释义】朱：朱砂，红色颜料。赤：红色。指接近朱砂易被染红，接近墨汁易被染黑。比喻接近好人会使人变好，接近坏人会使人变坏。强调环境对人成长的重要。

【例句】因他父兄都是个大才子。朝谈夕讲，无非子史经书，目见耳闻，不少诗词歌赋。自古道“近朱者赤，近墨者黑。况且小妹资性过人十倍，何事不晓”。（《醒世恒言》卷一一）

久病成医

【释义】指人病的时间长了，对病情、病因和治疗都比较熟悉，可以成为治疗所患疾病的良医。比喻经历多了就积累出了经验。

【例句】虾球道：“不叫医生来看？”六姑道：“何必请医生？自己久病成医了。”（黄谷柳《虾球传》一部一六章）

久病床前无孝子

【释义】指父母长期患病，儿女长期服侍难免会厌烦、懈怠。

【例句】俗话说的好，久病床前无孝子。况且又是这班做长随的人，哪里还有十分有良心的，看

见大势不妙，早已这个装病，那个告假，陆续的走了。（李伯元《活地狱》二二回）

久旱逢甘雨，他乡遇故知

【释义】长期干旱，欣逢好雨；流落他乡，喜遇旧友。形容美好的愿望突然实现时欢快的心情。

【例句】这位是河南举人牛启东先生，愚弟少年时同窗好友，多年不见，不期在灯市上邂逅相逢，正如俗语说的“久旱逢甘雨，他乡遇故知”。（姚雪垠《李自成》卷一·二六章）

酒逢知己千杯少，话不投机半句多

【释义】知心朋友相聚，酒喝得再多也嫌不够；和见解不同的人谈话，半句都嫌太多。饮酒、交谈贵在情投意合。

【例句】正饮之间，匡胤又把在大名府结纳了韩素梅，打走了韩通，及窦溶相待之情，前前后后许多事端，细细地说了一遍。二人也把别后之事，谈了一番。三人俱各大悦。正是：酒逢知己千杯少，话不投机半句多。（吴璿《飞龙全传》三回）

酒醉吐真言

【释义】指酒后兴奋话多，易放松警惕说出真情。

【例句】 王龙喝醉了，酒醉吐真言，他说，三个月前单于在长安求亲的时候，长安朝廷原来是想扣押单于的。（曹禺《王昭君》四幕）

救人一命，胜造七级浮屠

【释义】 七级：七层。浮屠：梵语佛塔的音译。救人一条性命的功德比建造七层佛塔还要大。

【例句】 那长老原是一头水的，被那呆子摇动了，也便就叫："悟空，若果有手段医活这个皇帝，正是'救人一命，胜造七级浮屠'。我等也强似灵山拜佛。"（吴承恩《西游记》三八回）

聚少成多，滴水成河

【释义】 聚：聚积，一点一滴地凑集。积少可以成多，一点一滴的水可以汇聚成河。

【例句】 一日三，三日九，总多多少少，赚得一点。婆婆一年喂起两栏猪，也落得几个。几年过去，聚少成多，滴水成河，手里又有几块花边了。（周立波《山乡巨变》上一）

君子报仇，十年不晚

【释义】 十年：概数，指多年。君子：旧指地位高的人，现指品德高尚的人，也泛指有修养、有志气的人。指君子报仇不可操之过急，要等待时机成熟。

【例句】 你不能这样白送了性命，也报不了仇。君子报仇，十年不晚，现在得忍住。（周而复《上海的早晨》二部六）

君子不夺人之美

【释义】 品德高尚的人不强取别人所喜爱的人或物。

【例句】 雷振说："不行，就把这个给你吧！"蒋爷说："我不要，君子不夺人之美。"（佚名《小五义》四二回）

君子一言，快马一鞭

【释义】 指品德高尚的人说一句算一句，决不反悔，就像着鞭快马，决不回头。

【例句】 小连生道："你既赏脸，我就去回复她，你不要听了旁人的话，再三心二意的，那就对不起我了。"孙三道："哪里的话！君子一言，快马一鞭！咱们交了多少年，你看见我有过烂小人的行为么？"（张鸿《续孽海花》三二回）

K

开弓没有回头箭

【释义】比喻既然事情已经开了头，就只能坚持下去。

【例句】矛盾是复杂的，斗争是曲折的。但是走这条新的道路，是铁了心了！不管谁阻挠，不管有多少困难，也不管失败几回，也要走下去。开弓没有回头箭。（张天民《创业》一一章）

靠山吃山，靠水吃水

【释义】指生活在哪里，就要因地制宜，靠那里的物质条件来生活。比喻干什么行业，就靠什么行业生活。

【例句】“我儿，你便不要银子，做娘的，看得你长大成人，难道不要出本？自古道：靠山吃山，靠水吃水。”（冯梦龙《醒世恒言》卷三）

靠人不如靠自己

【释义】指依靠别人不如依靠自己或自己信得过的人。

【例句】马竹宾道：“虽然如此，只靠人不如靠自己，实不如寻个自己亲信之人，熟悉西文的才是。”（黄世仲《廿载繁华梦》二九回）

苦海无边，回头是岸

【释义】原为佛教劝人摆脱尘世争逐，以求修成正果，得到超度的话。后比喻错误或罪恶虽大，但如能及时悔改，就仍会有光明的前途。

【例句】八路军抗日政府是宽大的，只要你们改邪归正，绝不杀你们。苦海无边，回头是岸呀！（马烽等《吕梁英雄传》五二回）

快刀斩乱麻

【释义】比喻果断而迅速地处理复杂问题。

【例句】此时局势，须要快刀斩乱麻，不能拖泥带水。（茅盾《腐蚀》）

L

来的早不如来的巧

【释义】 早来不如来得正是时候。指凡事贵在适时。

【例句】 真是来的早不如来的巧，快坐下听听洪主任的宏伟计划。（姜树茂《渔港之春》三章）

来者不善，善者不来

【释义】 指来的不怀好意，要有善意就不会来。指双方争斗时，对对方来人要提高警惕，多加防范。

【例句】 来者不善，善者不来，依臣之见还是议和为好。（刘兰芳、王印权《岳飞传》一二回）

癞蛤蟆想吃天鹅肉

【释义】 比喻异想天开、痴心妄想。多指丑男想得到美女。

【例句】 癞蛤蟆想吃天鹅肉，没人伦的东西，起这样念头，叫他不得好死！（曹雪芹《红楼梦》一一回）

浪子回头金不换

【释义】 浪子：玩乐、游荡、不务正业的年轻人。比喻浪子悔悟、重新做人比什么都珍贵。

【岁华纪胜图】册 局部［明］吴彬 中国台北故宫博物院藏

【岁华纪胜图】册 局部 ［明］吴彬 中国台北故宫博物院藏 68-4

【例句】 事情过去了，就不再计较它，只要你能回到正路上来，俗话说“浪子回头金不换”！（李晓明等《平原枪声》一二回）

老虎还有打盹的时候

【释义】 比喻本领再高强的人，也难免会有疏忽或失手的时候。

【例句】 走在边山，三爷有点自负。智爷说：“三哥，别把话说满了。老虎还有打盹的时候呢！设若咱们走在树林，有个闷棍手抽后就是一棍，你敢准说躲闪的开吗？”（佚名《小五义》九九回）

老虎屁股摸不得

【释义】 比喻人骄傲自大，别人沾惹不得。

【例句】 不负责任，怕负责任，不许人讲话，老虎屁股摸不得，凡是采取这种态度的人，十个有九个要失败。（毛泽东《在扩大的中央工作会议上的讲话》）

老骥伏枥，志在千里

【释义】 比喻人老心不老，仍然有雄心壮志。

【例句】 老骥伏枥，志在千里，烈士暮年，壮心不已。（曹操《步出夏门行·龟虽寿》）

冷练三九，热练三伏

【释义】三九：冬季最冷的时候；三伏：夏季最热的时候。指人在恶劣条件下锻炼才有成效。

【例句】怪不得！冷练三九，热练三伏，要练真功啊！（梁斌《红旗谱》卷二·三六）

老将出马，一个顶俩

【释义】俩：两个，为概数形容多。形容老年人经验丰富，一个人能顶几个人。

【例句】“老将出马，一个顶俩，你爹给人扳了十几年的船，识水性啊，这一条就比你们强吧？”（袁静《淮上人家》三章一一）

老王卖瓜，自卖自夸

【释义】比喻人自我夸耀。

【例句】要是对别人，我决不会说刚才那套话，怕人家说我老王卖瓜，自卖自夸。（老舍《四世同堂》八四）

乐极生悲，泰极则否

【释义】泰、否：六十四卦中的卦名，泰是好的卦，否是坏的卦。指高兴到极点便会走向悲伤，好过了头就会变成坏的。

【例句】可奈乐极生悲，泰极则否，霓裳之舞未终，鼙鼓之声又起。英使额尔金，法使噶罗，又率领舰队来犯天津。（蔡东藩《慈禧太后通俗演义》八回）

良药苦口利于病，忠言逆耳利于行

【释义】有效的药物虽然苦口难吃，但有利于治病；忠诚的劝告听起来刺耳，但有利于端正行为。

【例句】黄道周适才所奏，虽过于憨直，然实为救国良药。古人云良药苦口利于病，忠言逆耳利于行。（姚雪垠《李自成》二卷三二章）

两国交兵，不斩来使

【释义】指交战的双方，都不会把对方派来的使者斩杀。

【例句】“不可。自古两国交兵，不斩来使。于礼不当。只将二人各打二十讯棍，发回原寨，看他如何。”（施耐庵《水浒全传》六九回）

量小非君子，无毒（度）不丈夫

【释义】 指气度小的人当不了君子，对敌人不凶狠的人算不上大丈夫。

【例句】 朱老忠说：“咱一定是这个主意，对这些老封建疙瘩，量小非君子，无毒（度）不丈夫！”（梁斌《红旗谱》一八）

临阵磨枪，不快也光

【释义】 比喻平时不做好准备，事到临头才想办法应付，还是有一定作用的。

【例句】 得腾出几天功夫，咱们哥儿几个在一块练练。这就叫临阵磨枪，不快也光。（袁阔成等《巧破乾坤楼》三回）

留君千日，终须一别

【释义】 意为挽留亲朋好友时间再长，也终有离别的那一刻。

【例句】 “哥哥！我本欲留你多住几日，只是留君千日，终须一别。今番作急回家，再休惹闲花野草。”（冯梦龙《警世通言》卷二四）

留得青山在，不怕没柴烧

【释义】 指只要保住实力，就不怕没有希望和办法。

【例句】 七郎愈加慌张。只得劝母亲道：“留得青山在，不怕没柴烧。”虽是遭此大祸，儿子官职还在，

只要到得任所便好了。（凌濛初《初刻拍案惊奇》卷二三）

卤水点豆腐，一物降一物

【释义】卤水加在豆汁内就可凝结为豆腐。比喻一种事物总会有另一种事物可以制伏它。

【例句】水克生，火克木，卤水点豆腐，一物降一物。（侯树槐《高山春水》三四章）

路见不平，拔刀相助

【释义】在路上遇到不平的事，挺身而出援助受欺压的一方。

【例句】只是性气不好，惯会路见不平，拔刀相助，最喜欢打天下有本事的好汉。（吴敬梓《儒林外史》一二回）

路遥知马力，日久见人心

【释义】路途遥远才能知道马的耐力，时间长了，才会看出人心的善恶。

【例句】费促又奏曰：“据人言，或忠或佞，人耳难分，一时不辨，因经臣暗使心腹，探听真实，方知昌是忠耿之人。正所谓‘路遥知马力，日久见人心’。”（许仲琳《封神演义》二〇）

露水夫妻不长久

【释义】 指男女偷情或不是正当结合的夫妻不会长久。

【例句】 想当年是鸳和鸯，到今是参与商，果然是露水夫妻不长久。（陈森《品花宝鉴》一八回）

乱点鸳鸯谱

【释义】 《醒世恒言》卷八有“乔太守乱点鸳鸯谱”的故事：乔太守在审理一件婚姻案件时，将错就错，把三对夫妻重新组配，解决了难题。后用来比喻瞎指挥。

【例句】 福州也搬去一个越剧团，观众听不懂，演员很苦恼，这是领导的缺点，这等于东北要移植赣剧，都是领导上一时高兴，文化行政部门的同志不能“乱点鸳鸯谱”。（周恩来《要做一个革命的文艺工作者》）

乱世出英豪

【释义】 指动乱的年代时常造就出英雄人物。

【例句】 常言道：乱世出英豪。如今就是个乱世的朝代，出去闯一闯，兴许能闯出个路数来。（刘波泳《秦川儿女》八章）

落花有意，流水无情

【释义】 比喻一方有意，而另一方无情。

【例句】 见见之时，见非是见。见犹离见，见不能及。落花有意，流水无情。（普济《五灯会元》二〇二）

M

麻雀虽小，五脏俱全

【释义】 比喻事物虽小，必要的组成部分却很完备。

【例句】 “你别看我们那个生产组小，麻雀虽小，五脏俱全。”（茹志鹃《如愿》）

马善被人骑，人善被人欺

【释义】 马驯服了就会被人骑，人太善良了就会被人欺负。

【例句】 其字本是其，加水也是淇，除却淇边水，加欠便是欺。语云：“马善被人骑，人善被人欺。”（冯梦龙《古今谭概》二九引钱兼山酒令）

马无夜草不肥，人无外财不富

【释义】 指马不在夜间吃草不会肥壮，人不得不义之财不会富有。

【例句】 我则要千事足，百事足。常言道：马无夜草不肥，人无外财不富。（郑廷玉《后庭花》二折）

马有失蹄，人有漏脚

【释义】 漏：疏漏。指在行进时，马可能会失蹄，人可能会失脚。比喻人难免会有过失。

【例句】 伍大车惊魂初定，脸一红，解嘲似的干笑两声："嘿嘿，马有失蹄，人有漏脚。我大概是多喝了二两酒。"（鄢国培《巴山月》一〇章）

买卖不成仁义在

【释义】 指生意或事情没有做成，交情还照样存在。

【例句】 嫌人家来做买卖，买卖不成仁义在，打倒人家干吗？（梁斌《红旗谱》卷一·二三）

满嘴仁义道德，一肚子男盗女娼

【释义】 指口头上讲得头头是道，冠冕堂皇；内心却奸诈丑恶，卑鄙无耻。

【例句】 他们是满嘴仁义道德，一肚子男盗女娼，说的冠冕堂皇，做的凶恶奸诈。（刘波泳《秦川儿女》二三章）

慢工出细活

【释义】 指用心制作，不要急于求成，才能出精细的产品。

【例句】 因为事体很复杂，也很要紧，要慢慢把头绪理清楚，说来才不费事，然后，慢工出细活啦。（郭沫若《屈原》二幕）

没有不透风的墙

【释义】 比喻秘密终会泄露出去。

【例句】没有不透风的墙。不管老松田怎样诡计多端，也不管夜袭队的行动多么诡秘，一遭两遭目标可以不暴露，再来三遭四遭就会露出马脚来。（冯志《敌后武工队》二〇章）

没有过不去的火焰山

【释义】比喻没有解决不了的困难。

【例句】拿起笔杆觉得比拿钻杆还沉，写上二十来字，急得一身大汗。这怎么办？没别的，学，咱给他们有文化的秀才当小学生还不行？没有过不去的火焰山！（张天民《创业》一四章）

没有金刚钻，别揽磁器活

【释义】金刚钻：也叫金刚石，是已知的最硬物质。比喻没有某方面的技能，不去兜揽这方面的事情。

【例句】安老爷笑道：“不妨，若无破浪扬波手，怎取骊龙颔下珠？就是老妈妈论儿，也道是没有金刚钻，别揽磁器活。你看我三言两语，定叫她歇了这条报仇的念头。……”（文康《儿女英雄传》第十六回）

每逢佳节倍思亲

【释义】指远离家乡的人，每到节日，就会更加思念亲人。

【例句】 独在异乡为异客，每逢佳节倍思亲。（王维《九月九日忆山东兄弟》）

名不正则言不顺，言不顺则事不成

【释义】 名义不正，道理就讲不通；道理讲不通，事情就不能办成。

【例句】 名不正则言不顺，言不顺则事不成。事不成则礼乐不兴，礼乐不兴则刑罚不中。（佚名《论语·子路》）

名师出高徒

【释义】 指有名望的师傅可以培养出本领高超的徒弟来。

【例句】 且两嫔幼时，皆读书家中，聘江西文延式为师。延式学问优长，有江左才子之誉。名师出高徒，所以瑾、珍二妃均通文史。（蔡东藩《慈禧太后演义》二〇回）

明人不做暗事

【释义】 指光明正大的人不做偷偷摸摸见不得人的事。

【例句】 我不是夜耗子成精。明人不做暗事。吾乃齐天大圣临凡，保唐僧往西天取经。（吴承恩《西游记》八四回）

明知山有虎，偏向虎山行

【释义】 指越艰险越向前。形容无所畏惧。

【例句】 英雄想到这里，就认定这条路走，一定要去跟老虎斗一斗。趁着酒兴，大步向前进。正是“明知山有虎，偏向虎山行”。（王少堂《武松》一回）

磨刀不误砍柴工

【释义】 比喻事先做好充分准备，不仅不会耽误时间，反而会加快整个工作进度。

【例句】 磨刀不误砍柴工嘛！我现在叫大家按班组开会，学习领会公报的精神，进一步议论我们车间存在的问题，你说这样好不好？（李良杰《较量》二五）

N

拿着鸡蛋往石头上碰

【释义】比喻不自量力或者自取灭亡。

【例句】他见军汉……是外乡人……竟敢拿着鸡蛋往石头上碰，登时把脸一翻，喝了一声："好狗才！谁要你多管闲事！"（石玉昆《龙图耳录》四四回）

哪个耗子不偷油

【释义】旧喻轻薄男子总爱偷情。今多指坏的习性难改。

【例句】奶奶想，哪个耗子不偷油呢，他也不过怕事情不密，大家闹出乱子来不好看。（曹雪芹《红楼梦》九一回）

哪个猫儿不吃腥

【释义】意谓坏的习惯难以改掉。

【例句】近寺人家不重僧，远来和尚好看经。莫道出家便受戒，哪个猫儿不吃腥？（张国宾《合汗衫》一折）

男大当婚，女大当嫁

【释义】 指男女到了一定的年龄就应该结婚成家。

【例句】 男大当婚，女大当嫁，理之当然。兄长之举，真为两全其美。小弟有女，年已长成，颇好文墨，难于择婿。我见宋安平儒雅，意欲招他为婿，敢烦兄长作伐。（陈忱《水浒后传》三九回）

男儿膝下有黄金

【释义】 指男子汉要自尊自重，不能轻易向人下跪、祈求。

【例句】 行者微露不忍之态，用手扶起，道：“常言道：‘男儿膝下有黄金。’你今后不可乱跪。”（吴承恩《西游记》六回）

男儿有泪不轻弹

【释义】 男子汉应该刚强，不能轻易掉眼泪。

【例句】 “你堂堂正正七尺男子汉，威威武武大丈夫，你怎么学起妇人的脾气来了？有道是：‘男儿有泪不轻弹。’你哭什么呀！”（佚名《薛仁贵征东》二〇回）

你走你的阳关道，我走我的独木桥

【释义】 阳关道：原指古代经过阳关（今甘肃敦煌县西南古董滩附近）通往西域的大道，后指交通大道。指各走各的路，互不相干。

【例句】 偏偏忠言逆耳，反碰一鼻子灰，那时无可恋栈，不如掉转了头，你走你的阳关道，我走我的独木桥。（蔡东藩《民国演义》五一回）

逆水行舟，不进则退

【释义】 逆水：与行船方向相反的水流。顶着逆水行船，如不前进，就会后退。比喻不努力向前，就一定会倒退。

【例句】 要将形形色色的人们建成一支纪律森严、秋毫无犯的仁义之师，时刻要用心用力，好像逆水行舟，不进则退。（姚雪根《李自成》卷一·二七章）

年年防险，夜夜防贼

【释义】 指防灾、防盗要时时注意，不能间断。

【例句】 常言道："年年防险，夜夜防贼。"这两句话是寻常俗语，却是居家要紧的至言。（西周生《醒世姻缘传》九〇回）

宁拆十座庙，不拆一门亲

【释义】 宁可毁庙得罪神灵，也不能拆散别人的家庭和婚姻。指拆散一对夫妻会有很大的罪过。

【例句】 宁拆十座庙，不拆一门亲。况且你已娶了好几年，一夜夫妻百日恩，离婚，什么话！（老舍《离婚》二）

宁吃仙桃一口，不吃烂杏一筐

【释义】比喻宁可少也要精，不要多而滥。

【例句】用长材料写短篇并不吃亏，因为要从够写十几万字的事实中提出一段，当然是提出那最好的一段。这就是宁吃仙桃一口，不吃烂杏一筐。（老舍《我怎样写短篇小说》）

宁可信其有，不可信其无

【释义】宁肯相信的确有其事，也不轻易认为没有其事。指要作最坏打算，才能做到有备无患。

【例句】“你妇人家省得甚么？宁可信其有，不可信其无，自古祸出师人口，必主吉凶。我既主意定了，你都不得多言语！”（施耐庵《水浒全传》六〇回）

宁可站着死，不愿屈辱生

【释义】指宁肯为了正义献身，决不忍辱偷生。

【例句】为了革命，为了中国人民的解放事业，在生与死的两条路中，我宁可站着死，不愿屈辱生。（马识途《清江壮歌》七章）

宁为玉碎，不为瓦全

【释义】指宁可做美玉被粉碎，不愿做瓦器被保全。比喻宁愿壮烈或清白地死去，不愿苟且保全性命。

【例句】 宁为玉碎，不为瓦全！我不愿意我的一生就这么平庸地、毫无意味地白白过去。（杨沫《青春之歌》一部一三章）

宁愿人负我，不愿我负人

【释义】 负：负约，背弃诺言。指宁愿别人失信，对不起自己；也不能自己失信，对不起别人。

【例句】 古人尝云："宁愿人负我，不愿我负人。"我不负约，此心自可无愧；人若失信，自有天鉴。（蔡东藩《元史通俗演义》三一回）

女大不中留

【释义】 不中：不适宜。指女子到了一定的年纪就该出嫁，不再适合留在娘家。

【例句】 "你只管说，这写信的人是谁？只要不差什么，我未尝不可成全你这一件事。常言道得好：女大不中留。"（张恨水《金粉世家》二一回）

P

旁观者清，当局者迷

【释义】 指一旁围观的人看得清楚，但当事人很糊涂。

【例句】 说起来，下棋的最怕旁人观看。常言道“旁观者清，当局者迷。”倘或旁观者嘴不紧，遇煞着处溜出半句话来，赢者反输，输者反赢，欲待发作，不为大事；欲待不抱怨，又气不过。（冯梦龙《醒世恒言》卷九）

朋友妻，不可欺

【释义】 指对朋友的妻子要尊重，不可以欺辱。

【例句】 你太对不起朋友了，太不讲道德了。古语说得好“朋友妻，不可欺。”你竟敢在我家里对我老婆这样无礼。（周而复《上海的早晨》二部四七）

皮之不存，毛将焉附

【释义】附：依附。指连皮都不存在了，毛还往什么地方长呢？比喻事物如果失去了根本，就无所着落了，无法存在。

【例句】倘若朕的江山不保，你们不是也跟着家破人亡？皮之不存，毛将焉附？（姚雪垠《李自成》卷二·三二章）

便宜没好货，好货不便宜

【释义】指价钱过于便宜的，一定不是好货。

【例句】一贴药至少六七十块洋钱起码；若是便宜了，太太一定要闹着说："便宜没好货，好货不便宜，这药是吃了不中用的。"（李伯元《官场现形记》四九回）

贫居闹市无人问，富在深山有远亲

【释义】人若穷了，即使住在闹市里也不会有人理睬；人若富了，就是住在深山也有远亲来巴结、奉承。

【例句】看看穷的褴褛，走去求告旧时相识。在家里的，只说不在，平常里认得的，只做不认得。街上撞着他，把扇儿遮脸，只当看不见。自古道："贫居闹市无人问，富在深山有远亲。"（罗贯中《平妖传》一八回）

平生不做亏心事，夜半敲门心不惊

【释义】 指没有做不道德的事，就不害怕有人来找麻烦。

【例句】 平生不做亏心事，夜半敲门心不惊。乙校不自心虚，怎能给恐吓呢？（鲁迅《华盖集续编·无花的蔷薇之三》）

破财消灾

【释义】 指损失钱财可以避免灾祸。

【例句】 俗话说“破财消灾”。耗耗罢了。且这几万银子，纵然不拿来办矿，究从哪里向姓梁的讨回？（黄世仲《廿载繁华梦》二二回）

破鼓乱人捶，墙倒众人推

【释义】 比喻人在受挫折、失势时，大家一齐来打击他。

【例句】 他的社会是一团乌烟瘴气，他的国家是个破鼓乱人捶，墙倒众人推的那个大“破鼓”。（老舍《赵子曰》二一）

Q

妻贤夫祸少

【释义】旧谓妻子贤惠，可以帮助丈夫免遭祸害。

【例句】大抵妇人家勤俭惜财，固是美事，也要通乎人情。比如细姨一味悭吝，不存丈夫体面，他自己躲在房室之内，做男子的免不得了外，如何做人？为此恩变仇，招非揽祸，往往有之。所以古人说得好，道是“妻贤夫祸少，子孝父心宽。”（冯梦龙《喻世明言》卷三九）

棋错一着，满盘皆输

【释义】指走错了一步棋，全盘都会输。比喻在关键之处处理不当，就会前功尽弃。

【例句】他觉得自己死不足惜，可给党和乡亲们已造成了不可弥补的损失！这真是：棋错一着，满盘皆输啊！（严亚楚《龙感湖》四〇回）

棋逢对手，将遇良才

【释义】比喻双方本领相当，彼此不敢轻视。

【例句】（司马）懿仰天长叹曰："孔明效虞之法，瞒过吾也！其谋略吾不如之！"遂引大军还洛阳。正是棋逢对手，将遇良才。（罗贯中《三国演义》一〇一回）

骑着驴找驴

【释义】指要用的东西就在自己的身边或手上，还到处找。

【例句】什么都带来了，就是忘记带盐，急头赖脸往回跑，跑两步才想起来，盐拿在手里呢——真是骑着驴找驴！（杨朔《三千里江山》）

千里送鹅毛，礼轻人意重

【释义】比喻从很远的地方送来的礼物，虽然微不足道，但情意却极为深厚。

【例句】他这礼物虽觉微末，俗话说的"千里送鹅毛，礼轻人意重。"只好备个领谢帖儿，权且收了。（李汝珍《镜花缘》五〇回）

千里姻缘一线牵

【释义】民间认为男女婚姻是命中注定的。传说一位管婚姻的月下老人，暗地里用一根红线把一对男女的脚绑住，最终成为夫妻。

【例句】自古道“千里姻缘一线牵。”管姻缘的有一位月下老儿，预先注定，暗里只用一根红丝，把这两个人的脚绑住，凭你两家那怕隔着海呢，若有姻缘的，终久有机会作为成了夫妇。（曹雪芹《红楼梦》五七回）

千里之行，始于足下

【释义】指千里之远的路程，是从第一步开始的。比喻事情的成功都是从小到大，由少到多渐渐积累起来的。

【例句】千里之行，始于足下，我们应该从这些试点中看到希望。（《人民日报》《做四化的坚定促进派》1980 年 2 月 1 日）

谦虚使人进步，骄傲使人落后

【释义】劝诫人应该谦虚，只有虚心学习，才会进步。

【例句】谦虚使人进步，骄傲使人落后，我们应该永远记住这个真理。（毛泽东《中国共产党第八次全国代表大会开幕词》）

前不着村，后不着店

【释义】着：挨上。指前面不挨着村庄，后面不挨着店铺。形容走在荒无人烟的田野之中。

【例句】行者赔笑道：“师傅好不聪明，这半山之中，

前不着村，后不着店，有钱也没处买，教往那里寻斋？”（吴承恩《西游记》二七回）

前怕老虎，后怕狼

【释义】比喻顾虑重重，畏首畏尾。

【例句】王皮，随你们怎么的罢，我只听天由命的！倒没的这们些前怕老虎，后怕狼哩！（西周生《醒世姻缘传》三二回）

前事不忘，后事之师

【释义】指从前的事情不能忘记，那是今后行事的借鉴。

【例句】我们的古人也懂得“前事不忘，后事之师”。今天却有人反复地在我们耳边说：“忘记，忘记！”为什么不吸取过去的教训？难道我们还没有吃够“健忘”的亏？（巴金《重来马塞》）

前人栽树，后人乘凉

【释义】喻指前人艰苦创业，后人享受富贵、便利。

【例句】俗话说得好“前人栽树，后人乘凉”。我们守着祖宗的遗产，过了一生，后来儿孙，自有儿孙之福。（题颐琐《黄绣球》一回）

钱财如粪土，仁义值千金

【释义】 粪土：指不值钱的东西。仁义：仁爱和正义。把钱财看得如同粪土一样轻贱，把仁义看得就像千两黄金一样贵重。

【例句】 众人俱站立起身道："不知足下有何见谕？老汉们愿闻清诲。"遂侧耳拱听。张孝基叠出两个指头，说将出来，言无数句，使听者无不啧啧称羡。正是：钱财如粪土，仁义值千金。（冯梦龙《醒世恒言》卷一七）

强将手下无弱兵

【释义】 指本领高强的将领手下，没有怯懦的士兵。也指高手调教出来的，不会无能。

【例句】 强将手下无弱兵。有了这样好的连首长，那今后就等着多杀敌人，多立功吧！（金敬迈《欧阳海之歌》三）

强中更有强中手

【释义】 指本领高强的人中，还有更强的人。

【例句】 行者闻言，将金箍往上又一指，只见霎时，雷收风息，雨散云收。国王满心欢喜，文武尽皆赞道："好和尚！这正是强中更有强中手。"（吴承恩《西游记》四五回）

巧妇难为无米之炊

【释义】炊：烧火做饭。指再巧的媳妇，没有米也做不成饭。比喻再有才干的人，如果缺乏了必要的物质条件，也难办成事。

【例句】什么是苦呢？院里设备不全，药品不全，巧妇难为无米之炊，这便是苦。（茅盾《锻炼》二三）

亲不过父母，近不过夫妻

【释义】指父母对儿女的感情最深，夫妻间的关系最亲近。

【例句】白广利想到自己几十年给她气受，今天媳妇丝毫没带任何旧怨，便以一种感激的心情说：“真是亲不过父母，近不过夫妻。现在我才明白，你不是给我亏吃。”（董玉振《精明人的苦恼》三六）

亲兄弟，明算账

【释义】指即便是亲兄弟，也要算清楚经济账。

【例句】“这件料子让给我吧！”……“多少钱？”……“我跟你亲兄弟，明算账。”（欧阳予倩《越打越肥》）

擒贼先擒王

【释义】比喻战斗中要先除掉敌人的首领，也比喻做事要抓住关键。

【例句】 如今俗语说"擒贼先擒王"。他如今要作法开端，一定是先拿我开端，倘或他要驳我的事，你可别分辩，你只越恭敬越说驳的是才好。（曹雪芹《红楼梦》五五回）

青山不老，绿水长存

【释义】 指未来的日子还很长。多表示以后还大有作为。

【例句】 玄德拱手谢曰："青山不老，绿水长存。他日事成，必当厚报。"（罗贯中《三国演义》六十回）

清官难断家务事

【释义】 指家庭纠纷复杂，外人难以判别是非。

【例句】 "这是你们中间的私事，"李主席笑道，"你说他对你不老实么？没有旁证，我们难断定，这叫清官难断家务事。"（周立波《山乡巨变》上一二）

清者自清，浊者自浊

【释义】 指水清的自然清，污浊的自然污浊。比喻善和恶是客观存在，混淆不了的。

【例句】 夫人差矣！俗话说：清者自清，浊者自浊。区区谰言，何足挂齿！（严霞峰《况公案》一〇）

情人眼里出西施

【释义】西施：春秋时越国的美女，后泛指美女。指男子对自己所钟情的女子，即使她长相平常，也会觉得像西施一样美。

【例句】香菱笑道："一则是缘，二则是'情人眼里出西施'。当年又是通家来往，从小儿一处厮混过，叙起来是姑舅兄妹，又没嫌疑。"（曹雪芹《红楼梦》七九回）

请鬼容易送鬼难

【释义】指招来坏人容易，打发走却很难。

【例句】常说，请鬼容易送鬼难，……晋军刚打发走，又来了中央军！这些丘八留着，还能有咱们什么便宜占？（古立高《隆冬》二六章）

求人莫如求己

【释义】指恳求别人不如靠自己，自己动手最可靠。也指央求外人不如央求自己人。自己人比外人靠得住。

【例句】鹤荪看她的样子，更是不行，心想，求人莫如求己，我自己去吧！（张恨水《金粉世家》三二回）

R

人比人气死人

【释义】 意谓人和人之间存有很多差异，如果事事与别人比较，就会越比越生气。

【例句】 不过我们的全盘工作是老阎掌握着哩。老张啊！ 我只是他的助手。这话对别人不好说！有啥办法呢？ 人比人气死人。（杜鹏程《在和平的日子里》第六章）

人不可貌相，海水不可斗量

【释义】 相：判断。量：衡量。指人的才能不能从外貌来判断，就像海水不能用斗来测量一样。比喻不可以只从表面现象去判断事物。

【例句】 孙大圣听见了，厉声高叫道：“陛下，‘人不可貌相，海水不可斗量’。若爱丰姿者，如何捉得妖贼也！”（吴承恩《西游记》六二回）

人不为己，天诛地灭

【释义】 指人若不为自己着想，天理难容。

【例句】 人活着，为了什么？ 对这个问题的回答是多么的不同啊。“人不为己，天诛地灭”，这

就是剥削阶级的极端自私的人生观。（黎汝清《万山红遍》三章）

人非圣贤，孰能无过

【释义】 圣贤：圣人和贤人。意谓人不是圣贤，哪能不犯错误？指人总免不了会犯错误。

【例句】 掌柜的一听，气得肺都炸了，说：“都出去。”蒋爷一拦：“不可。人非圣贤，孰能无过。也许你们错了，也许他们错了。”（佚名《小五义》一〇九回）

人心不足蛇吞象

【释义】 比喻人心贪得无厌，难以满足。

【例句】 古人说得好“人心不足蛇吞象”。当初贫困之日，低门扳高，求之不得；如今掘藏发迹了，反嫌好道歉起来。（冯梦龙《警世通言》卷二五）

人逢喜事精神爽，月到中秋分外明

【释义】 形容人碰到喜事精神分外爽朗，就像月亮到了中秋格外明亮一样。

【例句】 邻里们都将果酒来与施复把盏庆贺。施复因掘了藏，愈加快活，分外兴头。就吃得个半醺。正是人逢喜事精神爽，月到中秋分外明。（冯梦龙《醒世恒言》第十八卷）

人活七十古来稀

【释义】 旧时人的寿命比较短，能活到七十岁就算寿命长的，很稀少。

【例句】 人活七十古来稀，人能活满自己的天寿的，实在极少，极少。（郭沫若《天才与教育》）

人怕出名猪怕壮

【释义】 人出了名，就容易招来麻烦；猪长得肥了，就会被屠杀。

【例句】 咱们一日难似一日，外面还是这么讲究。俗话儿说的，人怕出名猪怕壮，况且又是个空名儿，终究还不知怎么样呢！（曹雪芹《红楼梦》八三回）

人情似纸张张薄，世事如棋局局新

【释义】 比喻人情冷淡，世事多变。

【例句】 人情似纸张张薄，世事如棋局局新。年年难过年年过，处处无家处处家。（里汗《新绿林传》一回）

人穷志不短

【释义】 指人虽然贫穷但有志气。

【例句】 她人穷志不短，生就的品性端正，脾气倔强，一身硬骨，不管谁威逼利诱，死不肯从。（姚雪垠《李自成》卷二·四七章）

人生不如意事常八九

【释义】 在人的一生中，不顺心的事情会有很多。

【例句】 自古道“人生不如意事常八九”。谁能够件件称心事事舒？（韩小窗《子弟书·露泪缘》）

人生何处不相逢

【释义】 指人总会再见面的，做事要留有余地。

【例句】 人心此会应相重，人情今夜初相共，人生何处不相逢，早忘却更长漏永。（王子一《误入桃源》二折）

人为财死，鸟为食亡

【释义】 指人为了谋取钱财不顾性命，就像鸟为了觅食而不顾生死一样。

【例句】 语云：“人为财死，鸟为食亡。”由今观之，人为食亡者亦多矣。不可不重五谷，不可暴殄天物。（陈芪《修慝余编》）

人无远虑，必有近忧

【释义】 人如果没有深谋远虑，忧患很快就会到来。指人要考虑长远一些。

【例句】 那月香好副嘴脸，年已长成。倘或留他，也不见得。那时我争风吃醋便迟了。人无远虑，必有近忧。一不做，二不休，索性把他两个卖去他方。（冯梦龙《醒世恒言》卷一）

【岁华纪胜图】册 局部［明］吴彬　中国台北故宫博物院藏　　68－5

【岁华纪胜图】册 局部 [明] 吴彬 中国台北故宫博物院藏 68-5

人有脸，树有皮

【释义】人要脸面，像树要有树皮一样。指人人都有自尊心。

【例句】人有脸，树有皮。他再坏也是穷人，有颗阶级良心。咱们要尊重他，成分信任他，经常关心他，了解他的本性，才能钻到他心里，帮助他去掉心上的尘土。（草明《乘风破浪》第十章）

人争一口气，佛争一柱香

【释义】意为人生在世，要争一口气，如同供在庙里的佛，要争一股香一样。指人不能忍受欺侮。

【例句】“俗语说‘人争一口气，佛争一柱香’，哪个不要面子！……我来帮你们解扣儿吧，你跟大伙赔个错儿，事大事小，说了就了。”（高云览《小城春秋》三〇章）

人往高处走，水往低处流

【释义】指人总是希望过上幸福美好的生活。也指人总是积极向上努力进取的。

【例句】人往高处走，水往低处流，你怎么会想去卖什么针头线脑，三个钱的姜两个钱的醋呢？（老舍《女店员》一幕）

人嘴两张皮

【释义】指人的嘴愿意怎么说就怎么说。

【例句】王安士也不知外甥李修缘，是上那里去了。人嘴两张皮，就有说李修缘自己走的，就有说是王安士把外甥逼走了的。（佚名《济公全传》一二一回）

肉烂在锅里

【释义】比喻虽有损失，但仍属于自己或自家人。

【例句】怎么算都不要紧。好在是肉烂在锅里，多也是他的，少也是他的。（王浚卿《冷眼观》二五回）

入门休问荣枯事，观看容颜便得知

【释义】意为进门不要贸然问其家境的兴衰，只要看主人的脸色就可得知。

【例句】有恁难猜。自古道“入门休问荣枯事，观看

容颜便得知”。老身异样跷蹊作怪的事情都猜得着。（施耐庵《水浒全传》二四回）

若要人不知，除非己莫为

【释义】 不想让别人知道的事情，最好别去做。指人所做的事情是隐瞒不住的，总会被人知道。

【例句】 自古道“若要人不知，除非己莫为”。何况一嫁一娶偌大的事，虽姑娘嘱咐不许声张，那里瞒得过人呢？（曾朴《孽海花》一六回）

S

撒泡尿自己照照

【释义】讽刺人看不清自己的短处。

【例句】这些中老爷的都是天上的“文曲星”！……看你这尖嘴猴腮，该撒泡尿自己照照！不三不四，就想天鹅屁吃！(吴敬梓《儒林外史》三回)

塞翁失马，安知非福

【释义】《淮南子·人间训》：“近塞上之人，有善术者，马无故亡而入胡。人皆吊之，其父曰：‘此何遽不为福乎！’居数月，其马将胡骏马而归。”比喻虽然暂时受到损失，但最后可能会带来好处。也指祸福难测，好事和坏事可以互相转化。

【例句】索性枯坐一年，参透那八风不动的道理，这是古人说的“塞翁失马，安知非福”呢！(岭南羽衣女士《东瓯女豪杰》三回)

三百六十行，行行出状元

【释义】比喻各行各业都可以出能手和专家，都可以做出优异成绩。

【例句】人类社会既有社会分工，不同的分工就产生

各自的“人才”，正所谓“三百六十行，行行出状元”。（张雄《“人才学”小议》《人民日报》1983年4月28日）

三军可夺帅，匹夫不可夺志

【释义】三军：古指上、中、下三军。匹夫：指平常人。指可以夺得三军的元帅，却不能改变平常人的志向。

【例句】姑娘，不可如此！三军可夺帅，匹夫不可夺志也！我安骥宁可负了姑娘作个无义人，绝不敢背了父母作个不孝子。（文康《儿女英雄传》九回）

三分像人，七分像鬼

【释义】形容人长相十分丑陋，或因瘦弱、疲惫不堪而几乎没有人样。

【例句】朱世远见女婿三分像人，七分像鬼，好生不悦。（冯梦龙《醒世恒言》卷九）

三思而后行

【释义】经过反复考虑，然后行动。

【例句】季文子三思而后行。（《论语·公冶长》）

三个臭皮匠，顶个诸葛亮

【释义】诸葛亮：三国时期蜀汉丞相，足智多谋。比喻人多智谋也就多了。

【例句】三个臭皮匠，顶个诸葛亮，这就是说，群众有伟大的创造力。（毛泽东《组织起来》）

三军易得，一将难求

【释义】三军的兵士容易获得，但统领三军的将帅却得以获求。指选择主帅非常难。

【例句】三军易得，一将难求。张郃虽然有罪乃魏王所深爱者也，不可便诛。（罗贯中《三国演义》七〇回）

三年清知府，十万雪花银

【释义】清：清廉。知府：明清两代称府一级的最高行政长官。雪花银：纯白的银子，即白银。指虽然只做了三年“清廉”的知府，却可以捞十万两白银。讽刺标榜廉洁的官员，实际上也在大肆榨取民脂民膏。

【例句】蘧公子道：“至于处处利薮，也绝不耐烦去搜剔也；或者有，也不可知！但只问着晚生，便是‘问道于盲’了。”王太守笑道：“可见三年清知府，十万雪花银的话，而今也不甚确了。”（吴敬梓《儒林外史》八回）

三日不见，当刮目相看

【释义】指分别虽短，但应以新的眼光看待人。指人的变化很快。

【例句】常言说“三日不见，当刮目相看”。他出外多年，年纪也大了些，安知不学些礼教。（清·吴浚《飞龙全传》三回）

三十六计，走为上计

【释义】三十六计：虚指众多计策。指败局已定或处境急，不如一走了之。

【例句】严贡生慌了，自心里想：“这两件事都是实的，倘若审断起来，体面上须不好看。三十六计，走为上计！”卷卷行李，一溜烟急走到省城去了。（吴敬梓《儒林外史》五回）

三十年河东，三十年河西

【释义】原指风水轮流转，后多指世事胜衰变化无常。

【例句】“大先生，三十年河东，三十年河西，就像三十年前，你二位府上何等气势，我是亲眼看见的，而今彭府上、方府上，都一年盛似一年。”（吴敬梓《儒林外史》四六回）

三天不打，上房揭瓦

【释义】指对某些人，几天不管教，就会出乱子，闹翻天。

【例句】“去你的！真是三天不打，上房揭瓦！看，等我以后收拾你！”（冯志《敌后武工队》二十四）

杀人偿命，欠债还钱

【释义】 指杀了人要抵命，欠了债要还钱。

【例句】 杀人的偿命，欠债的还钱！这是上了古书的，你为什么不还？（梁斌《红旗谱》三三）

山外有山，天外有天

【释义】 比喻杰出的人物之外还有更杰出的。告诫人们不能自满，要谦虚谨慎。

【例句】 这爿孙家店，竟有人敢来打！真是山外有山，天外有天，能人之外还有能人！（刘操南、茅赛云《武松演义》九回）

山中无老虎，猴子充霸王

【释义】 指在没有高手和能人的时候，庸人也能称强。

【例句】 海婴已以第一名在幼稚园毕业，其实亦不过山中无老虎，猴子充霸王而已。（鲁迅《书信集·致母亲》）

善恶有报，迟速有期

【释义】旧指不管是做了好事还是做了坏事都会有报应，只是时间早晚而已。佛家劝人弃恶从善的口头语。

【例句】可怜二魏平日千般凶恶，万种强梁，今日双双俱遭郑恩之手，了命归阴。正是：城门失火，殃及池鱼。善恶有报，迟速有期。（吴璿《飞龙全传》八回）

上天无路，入地无门

【释义】形容人处境极端困窘，走投无路。

【例句】进前即触途成滞，退后即噎气填胸，直得上天无路，入地无门。（普济《五灯会元》卷一〇）

少年不努力，老大徒伤悲

【释义】指年轻的时候不努力进取，到老了仍一事无成，只能徒自悲伤，后悔莫及。

【例句】百川东到海，何时复西归？少年不努力，老大徒伤悲！（汉乐府《长歌行》）

少年夫妻老来伴儿

【释义】年轻时结为夫妻，年老时相互陪伴。指夫妻之间到老年时更需要相互照顾，彼此作伴。

【例句】 两口子到了五十多岁以后就更知道体贴，越过越有味啦。真是少年夫妻老来伴儿，一天不见问三遍。（刘士俊《留在人间的笑声·滚烫的心》）

舌头底下压死人

【释义】 指恶语伤人，可以致人于死地。

【例句】 算啦！你不要舌头底下压死人啦！（李英儒《还我河山》三五章）

舍不得孩子，套不住狼

【释义】 比喻不忍痛做出牺牲，就不能达到目的。

【例句】 “不要顾虑这些了。”徐辉说，舍不得孩子，套不住狼。（杨沫《青春之歌》一部二九章）

舍不得金弹子，打不下金凤凰

【释义】 比喻不付出大的代价，就不可能获得大的收益。

【例句】 怕这怕那，什么也干不成。‘舍不得金弹子，打不下金凤凰’。（李英儒《女游击队长》二一章）

身安抵万金

【释义】 身体健康平安抵得上万两黄金。

【例句】 等闲赢得食天禄，但得身安抵万金。（关汉卿《陈母教子·楔子》）

伸手不打笑脸人

【释义】指不欺辱笑脸相迎的人。

【例句】有道是“伸手不打笑脸人”。马惠民见牛宏昌和颜悦色，他那满腔怒火也就烧不起来了。（严亚楚《龙感湖》三一回）

神龙见首不见尾

【释义】原来用于谈诗神韵。后来比喻人的行踪飘忽不定，时而显现，进而又不见踪影。

【例句】诗如神龙，神龙见首不见尾。（赵执信《谈龙录》）

生当为人杰，死亦为鬼雄

【释义】指活着要做人中的豪杰；死后也要做鬼中的英雄。

【例句】生当为人杰，死亦为鬼雄。至今思项羽，不肯过江东。（李清照《绝句》）

生姜还是老的辣

【释义】比喻老年人经验丰富，办事老练。

【例句】惟其是老肉麻，始怕人说野花野草，尤怕人说老。谚云：……生姜还是老的辣。（冯梦龙《黄山迷·夹竹桃》）

生米煮成熟饭

【释义】 比喻事情已经成定局，无法再改变。

【例句】 叔叔只说婶子总不生育，原是为了嗣起见，所有私自在外面作成此事。就是婶子，见生米煮成熟饭，也只得罢了。（曹雪芹《红楼梦》六四回）

胜败兵家常事

【释义】 指对于打仗的人来讲，打胜仗和打败仗都是很平常的事情。多指世上没有常胜将军，不要因一时失利而灰心丧气。

【例句】 哥哥休忧，胜败兵家常事，何必挂心？别生良策，可破连环军马。（施耐庵《水浒传》五五回）

胜不骄，败不馁

【释义】 馁：丧气。胜利了不骄傲，失败了不气馁。

【例句】 “我们当胜不骄，败不馁，只要再接再厉，勇往直前，没有不成功的。”（冯玉祥《我的生活》三八章）

失败是成功之母

【释义】 指失败中孕育着成功。指成功往往是从失败中吸取教训、总结经验之后取得的。

【例句】 如果实在补救不了，我们也要把报废的原因

找出来，失败是成功之母，应该从失败中吸取教训，再干起来，成功的希望就大了。（程树榛《钢铁巨人》二一）

师傅领进门，修行在个人

【释义】指师傅只能起引导作用，想要取得成功还要靠自己刻苦学习。

【例句】俗话说：师傅领进门，修行在个人。我不过提醒提醒就是了，功夫是他自己下的。（康式昭、奎僧《大学春秋》三一）

虱子多不痒，债多不愁

【释义】指欠债多了，无力偿还，反而不发愁，就像虱子多了，被咬习惯了，反倒不觉得痒了。

【例句】常言说的好，虱子多不痒，债多不愁。福佑欠的债也不止信通一家，干脆让大家告去。（周而复《上海的早晨》三部四）

十年树木，百年树人

【释义】树：培育。指培植树木大约需要十年，培育人才大约需要百年。比喻培养人才是长久计。也比喻培养人才很不容易。

【例句】不过培植花草，一年就有效验；培植国民，至少须有数十年。所以古人说：“十年树木，百年树人。”（张鸿《续孽海花》楔子）

世情看冷暖，人面逐高低

【释义】 指人世间感情的好坏，要看人地位的高低，钱财的多少而定，对地位有钱的人溜须巴结；对地位低没钱的人冷淡疏远。

【例句】 俗语有云：世情看冷暖，人面逐高低。你当初有钱是个财主，人自然趋奉你；今日无钱，是个穷鬼，便不礼你，又何怪哉？（冯梦龙《醒世恒言》卷三七）

世上无难事，只怕有心人

【释义】 有心人：肯动脑筋的人。指世上没有办不成的事情，只要肯下苦功去做，任何困难都能克服。

【例句】 说学习和使用不容易，是说学得彻底，用得纯熟不容易。说老百姓很快可以变成军人，是说此门并不难人。把二者结合起来，用得着中国一句老话：“世上无难事，只怕有心人。”（毛泽东《中国革命战争的战略问题》）

士为知己者死，女为悦己者容

【释义】男子愿为信任自己的人献身，女子愿为喜爱自己的人打扮。

【例句】士为知己者死，女为悦己者容。吾其报知氏之仇矣。（《战国策 · 赵策一》）

事上本无事，庸人自扰之

【释义】庸人：平常人，不高明的人。意为平庸的人总没事找事自寻烦恼。

【例句】为啥偏要贪恋红尘，看形势愈陷愈深不能自拔，这真是应了那句话，“事上本无事，庸人自扰之”。（单田芳《燕王剑侠》二一回）

是福不是祸，是祸躲不过

【释义】指是福就变不成祸，是祸就无法躲过。

【例句】“你这回是红还是黑？”他和老常打着哑谜。“是福不是祸，是祸躲不过。”老常说。（孙犁《风云初记》三七）

受人之托，忠人之事

【释义】接受了别人的委托，就应该尽力把人家的事情办好。

【例句】受人之托，必当忠人之事。大人的吩咐，着我先进城去，寻那杨金吾刘衙内，直到仓里寻他，寻不着一个。（佚名《陈州粜米》三折）

瘦死的骆驼比马还大

【释义】比喻大户人家处境再困境，乃至衰败，也比一般人家强。

【例句】我们也知道艰难的，但只俗语说的“瘦死的骆驼比马还大”。（曹雪芹《红楼梦》六回）

书山有路勤为径，学海无涯苦作舟

【释义】径：门径。涯：水边。攀登书山要以勤奋为路径，横渡学海要以刻苦作为渡船。指只有勤奋学习，才会有渊博的知识。

【例句】现在，还必须脚踏实地的用勤奋来弥补这笔和文字的不足。书山有路勤为径，学海无涯苦作舟。（峻青《雄关赋》）

熟能生巧，巧能生精

【释义】巧：技巧。指事情熟悉了之后就能找到其中的窍门，进而提高技巧。

【例句】俗话说：熟能生巧，巧能生精。舅兄昨日读了一夜，不但他已嚼出此中意味，并且连寄女也都听会，所以随问随答，毫不费事。我们别无良法，惟有再去狠读，自然也就会了。（李汝珍《镜花缘》三一回）

树高千尺，落叶归根

【释义】 指树再高，枯叶还是要落在树根周围。比喻漂泊在异乡的人，终究要返回故里。

【例句】 兀术道："古人有言：树高千尺，落叶归根。卿家若然思念家乡，某家差人送你回国。"（钱彩、金丰《说岳全传》四六回）

双拳难敌四手

【释义】 指一个人势单力薄抵挡不住众人。

【例句】 常言道"双拳难敌四手"，钮成独自一个，如何抵挡得许多人，着实受了一顿拳脚。（冯梦龙《醒世恒言》卷二九）

水火不相容

【释义】 比喻双方对立，不能相容。

【例句】 他绝不使自己的家业接近仇人姚士杰，那和他的"政治性儿"水火不相溶。（柳青《创业史》）

水来土掩，兵来将挡

【释义】比喻不管遇到什么情况，自有办法应付。

【例句】常言道“水来土掩，兵来将挡”。事到其间，道在人为，少不的你我打点礼物，早差人上东京，央及老爷那里去。（兰陵笑笑生《金瓶梅词话》四八回）

顺天者昌，逆天者亡

【释义】指顺应天时民意的昌盛，违背天时民意的灭亡。

【例句】今公蕴大才，抱大器，自欲比于管、乐，何乃强欲逆天理、背人情而行事耶？岂不闻古人云“顺天者昌，逆天者亡”？（罗贯中《三国演义》九三回）

说到曹操，曹操就到

【释义】比喻说到某人，某人恰巧来到。指不期而然的巧合。

【例句】赤云一壁看，一壁笑着道：“无巧不成书！说到曹操，曹操就到。”（曾朴《孽海花》二九回）

死马当做活马医

【释义】比喻在已失去希望的情况下仍竭力挽救。

【例句】姑且，死马当做活马医，送到医院里去试试看。（巴金《春》三〇）

死猪不怕开水烫

【释义】比喻反正已经走投无路，索性豁出去，任凭事态的发展。

【例句】冯春娘还没有睡着，忽听楼梯响，立时起了一身鸡皮疙瘩。她腾地坐起又倒下了，反正死猪不怕开水烫，由他去吧！（王英先《枫香树》二一章）

四两能拨千斤

【释义】指轻巧的东西在一定条件下可以胜过笨重的东西。

【例句】兵器又不在斤两上分高低。古人说得好：四两能拨千斤。（俞万春《荡寇志》八八回）

送佛送到西天

【释义】比喻帮人帮到头，做好事做到底。

【例句】姐姐原是为救安公子而来，如今自然“送佛送到西天”。（文康《儿女英雄传》九回）

岁寒知松柏，患难见人心

【释义】指岁末天冷时才知道松柏耐寒，遇难的时候才显出人的真心。

【例句】从来国家有成有败，有兴有亡，此是一定之理，全要忠臣义士竭力扶持。古语道“岁寒知松柏，患难见人心”。（周清原《西湖二集》卷二六）

T

踏破铁鞋无觅处，得来全不费工夫

【释义】指千辛万苦到处寻找都未找到，却在无意之中发现了。

【例句】若得此人助我一臂之力，愁甚冤仇不报。则除这般。正是：踏破铁鞋无觅处，得来全不费工夫。（李寿卿《伍员吹箫》第三折）

太岁头上动土，虎口里边拔牙

【释义】比喻触犯强者，将会自取祸殃。

【例句】“你也须有耳朵，好大胆，直来太岁头上动土，虎口里边拔牙！”（吴承恩《水浒传》二回）

泰山压顶不弯腰

【释义】指在沉重的压力面前，决不屈服。

【例句】春旺笑了起来，“他泰山压顶，我们可没有给他压趴下……”张兴不由得佩服地说：“好啊，这真叫泰山压顶不弯腰。”（谌容《万年青》三二）

探囊取物，手到拈来

【释义】比喻容易做到或得到。

【例句】 小生凭三寸不烂之舌，直往北京说卢俊义上山，如探囊取物，手到拈来。（施耐庵《水浒传》六一回）

螳螂捕蝉，黄雀在后

【释义】 比喻谋算别人的人，又被另外的人谋算。

【例句】 后数年，闻山东雷击一道士，或即此道士淫杀过度，又伏天诛欤？螳螂捕蝉，黄雀在后，挟弹者又在其后，此之谓也。（纪昀《阅微草堂笔记·槐西杂志》四）

桃养人，杏伤人，李子树下埋死人

【释义】 养：滋补。指吃桃能补充人体营养，杏吃多了对人体有害，李子吃多了会丧命。

【例句】 毓芬是想到医院门口，为唐光买点水蜜桃回来，好好给他补养补养，俗话说“桃养人，杏伤人，李子树下埋死人”嘛！（汪文风《雾城斗》五五）

天不藏奸

【释义】 天：苍天。苍天不会隐瞒邪恶和奸诈。指奸诈狡猾的人和邪恶的事总有一天会暴露出来。

【例句】 余曰：“倘此人不得副榜，则此从何而破！俗谓‘天不藏奸’，信哉！”（梁恭辰《北东园笔录·续编》卷五“李副榜”）

天不转地转

【释义】 指事情总会有变化。

【例句】 “唉，天不转地转。下次你闯王爷再打这里经过，只要我这把老骨头还活着，我拄棍也要迎接你。”（姚雪垠《李自成》卷一·六章）

天地之大，无所不有

【释义】 指各种稀奇古怪的事物都有。

【例句】 老爷听了，不禁大笑说：“这可叫做天地之大，无所不有了。若果如此，不但那女子可以远祸，我们也可放心。”（文康《儿女英雄传》一三回）

天高皇帝远

【释义】 指远离京城，当地某些人便目无王法，为非作歹。

【例句】 这东昌巡道衙门驻扎临清；因临清是码头所在，有那班油光水滑的光棍，真是天高皇帝远，晓得怕些甚么。奸盗豪横，无日无天。（冯梦龙《醒世姻缘传》第十二回）

天高任鸟飞，海阔凭鱼跃

【释义】 比喻在广阔的世界里，有志之士可以尽情地施展才华。

【例句】 俗话说：天高任鸟飞，海阔凭鱼跃。我们新四军是鱼，老百姓是水，这茅山三十六峰七十二岬，加上千千万万的江南百姓，就是个波涛滚滚的大海。（汤钟音《弯弓射日到江南》一）

天机不可泄露

【释义】天机：指重大秘密。意谓机密的事情不能让别人知道。

【例句】“天机不可泄露。只是我与婶娘好了一场，临别赠你两句话，须要记着。”（曹雪芹《红楼梦》一三回）

天上无云不下雨，地上无媒不成婚

【释义】世上没有媒人说合就结不成婚，就像天上没有乌云就不下雨一样。指事情要有人去做才会成功。

【例句】小姐，俗话说：天上无云不下雨，地上无媒不成婚。应该找个人从中说合说合。（王增义《杨家将》八〇回）

天时不如地利，地利不如人和

【释义】 指天时好不如好的地理形势，好的地理形势，不如人民和睦团结。

【例句】 孟子曰：天时不如地利，地利不如人和。（《孟子·公孙丑下》）

天塌下来，自有长的撑住

【释义】 长的：高个的人，引申为有本领的人。比喻出了问题，总会有能人出来收拾局面。

【例句】 贤弟，常言道：天塌下来，自有长的撑住。凡事有愚兄在前，贤弟休得过虑。（冯梦龙《醒世恒言》卷七）

天堂有路不肯往，地狱无门自撞之

【释义】 比喻自讨苦吃，自寻死路。

【例句】 有功生还，登时富贵，何等的好！尔辈愚人，何不肯万众一心？一齐杀贼？所谓“天堂有路不肯往，地狱无门自撞之”。（戚继光《练兵纪实》）

天下老鸹一般黑

【释义】 老鸹：乌鸦。比喻同类事物的本质是相同的，也比喻黑暗的社会或坏人到处都一个样。

【例句】 这又呆了，天下老鸹一般黑，岂有两样？（曹雪芹《红楼梦》五七回）

天下人管天下事

【释义】天下的事要由天下的人自己来管。指世上的事谁都能管。

【例句】天下人管天下事，哪有管不得的道理。（石玉昆《三侠五义》四四回）

天下无不散的筵席

【释义】指聚会终究要散。

【例句】古人云“天下无不散的筵席”。才过十五元宵夜，又是清明三月天，陈大郎思想蹉跎了多时生意，要得还乡。（冯梦龙《古今小说》卷一）

天下无不是的父母

【释义】是：正确。指世上做父母的没有不对的。

【例句】天下无不是的父母。我爹偏信如此，事之有无，情之虚实，孩儿再不敢辩。（陆采《怀香记》三〇出）

天下兴亡，匹夫有责

【释义】匹夫：指普通百姓。指国家的兴盛和衰亡，每个人都有责任。

【例句】虽然天下兴亡，匹夫有责，但在位者不讲信用，专责“匹夫”。（鲁迅《两地书》八八）

天有不测风云，人有旦夕祸福

【释义】风云：风和云，指天气。旦夕：早晨和晚上，指短暂的时间。祸福：这里偏指祸。就像天上有不能预测的风云一样，人也会有暂时或突然发生的灾祸。指人的祸福就像天气一样变化无常，难以预料。

【例句】武二道："我的哥哥，从来不曾有病，如何心疼便死了。"王婆道："都头，却怎的这般说。天有不测风云，人有旦夕祸福，今早脱下鞋和袜，未审明朝穿不穿，谁人保得常没事！"（兰陵笑笑生《金瓶梅词话》九回）

天知地知，你知我知

【释义】指某种事情只有两个人知道，不可让第三个人知道。

【例句】我叮嘱他这桩事，则除是天知地知，你知我知。（杨文奎《儿女团圆》二折）

天子犯法，与庶民同罪

【释义】指即使皇帝犯了法，也要同老百姓一样治罪。比喻在法律面前，人人平等。

【例句】天子犯法，与庶民同罪，今汝既已获罪，奉旨前来，尚敢如此矫强，我且打你一个藐法欺旨。（佚名《大红袍》二九回）

天作孽，犹可违；自作孽，不可逭

【释义】孽：坏事。逭：逃避。客观造成的过错，自己尚可改变；自己造成的罪过，自己避免不了恶果。

【例句】自古圣人道“天作孽，犹可违；自作孽，不可逭”。这是他自取其罪，与别人不相干。（罗懋登《西洋记》四三回）

天网恢恢，疏而不漏

【释义】《老子》七三章：“天网恢恢，疏而不漏。”恢恢：广阔。疏：稀。天道像一面广阔而稀疏的大网，任何恶人都难逃它的惩罚。现多指坏人难逃法律制裁。

【例句】“天网恢恢，疏而不漏”是故欲求治本，莫若省事清心。（《魏书·任城王传》）

跳到黄河洗不清

【释义】指黄河水中有大量的泥沙，跳到黄河里要洗净身上的污秽是不可能的。比喻无法摆脱嫌疑，冤屈无法申诉。

【例句】我不是担心他被留在贼营，倒是担心他带着李瞎子和你妹妹给我的两封书信，说不定还有什么贵重礼物，回来时被丁、杨二营的游骑抓去，使我跳到黄河洗不清，岂

不受冤枉的窝囊气？（姚雪垠《李自成》卷二）

铁杵磨绣针，功到自然成

【释义】比喻再难的事，只要下苦功夫就能成功。

【例句】俗话说：铁杵磨绣针，功到自然成，心诚能动天，只要太子心诚，就一定能访到。（李端科《女皇武则天》二五回）

同行是冤家

【释义】行：行业。指同一行业的人，在彼此利益发生冲突时，总想击败对方，以致结成仇家。

【例句】俗话说“同行是冤家”。那个鲁老板叫说姓纪的白发老头酿酒手艺高超，生意兴隆，一肚子不快。（戎林《李白的故事》）

铜盆撞了铁扫帚，恶人自有恶人磨

【释义】比喻厉害的人自然会有更厉害的人来制服。

【例句】朱常见无人招架，教众人穿起衣服，把尸首用芦席卷了，将绳索络好，四人扛着，望赵完来。看的人随后跟来，观看两家怎地结局。铜盆撞了铁扫帚，恶人自有恶人磨（冯梦龙《醒世恒言》卷三四）

偷风不偷月，偷雨不偷雪

【释义】 盗贼一般挑选刮风或下雨天做案，在明月夜，下雪天不行动。前者可以掩盖行踪，后者容易暴露痕迹。指盗贼利用有利于偷窃的天气作案。

【例句】 做贼的有两句口诀，叫做偷风不偷月，偷雨不偷雪。这是恐怕月下露影，雪上留痕迹的意思。（吴沃尧《情变》三回）

偷鸡不着蚀把米

【释义】 蚀：损失。鸡没有偷到，反而损失了一把米。比喻想占便宜反而受了损失。

【例句】 袁继咸这个人不是草包，万一攻不破，损伤了一些将士，岂不是偷鸡不着蚀把米？（姚雪垠《李自成》卷二 · 三五章）

头发长，见识短

【释义】 旧指妇女的头发很长，目光短浅。

【例句】 妇道人家，头发长，见识短！先把这十二个同志救出险区，回头再救小黑子！（杜鹏程《延安人》二）

头脑简单，四肢发达

【释义】 指人身体健壮，却不善于动脑筋。

【例句】 他黎满庚只有高小文化，头脑简单，四肢发达，想像力十分贫乏。（古华《芙蓉镇》四章）

兔子不吃窝边草

【释义】 比喻不在自家附近沾便宜或干坏事。

【例句】 朱老星一听，慢搭搭地说："他老是讲兔子不吃窝边草，可是到了霜后，别的草都吃完了，他才反回来吃咱哩！"（汝浩《禅真逸史》一四回）

兔子急了也会咬人

【释义】 比喻温和善良的人被逼无奈时，也会奋不顾身起来反抗。

【例句】 "和他赵家庄干！""谁也不兴退前缩后！兔子急了也会咬人！"（马烽《村仇》三）

兔死狗烹，鸟尽弓藏

【释义】 比喻为统治者拼死效力的人，功成后被杀戮或被弃置不用。

【例句】 人生富贵功名如水上浮沤，纵使成得功来，也不免"兔死狗烹，鸟尽弓藏"。所以范蠡作五湖之游，张良访赤松之迹。（陈忱《水浒后传》二三回）

【画十二月月令图】轴 局部 ［清］ 画院 中国台北故宫博物院藏 68-6

【画十二月月令图】轴 局部［清］画院　中国台北故宫博物院藏　68－6

W

瓦罐不离井上破，将军难免阵中亡

【释义】指井口打水的瓦罐容易打碎，沙场上征战的将军难免在对阵中伤亡，比喻常处险地，难免会出事。

【例句】正在慌张，不想吉青等未曾防备，早被铁珠打下了马来，可怜弟兄四人，俱各死于非命！正叫做“瓦罐不离井上破，将军难免阵中亡”。（《说岳全传》七八回）

玩人丧德，玩物丧志

【释义】指戏弄别人会丧失自己的道德，玩赏宠物会迷失志向。

【例句】狎侮君子，罔以尽人心；狎侮小人，罔以尽其力。不役耳目，百度惟贞。玩人丧德，玩物丧志。（《尚书·旅獒》）

万般皆是命，半点不由人

【释义】指人生的一切都是命里注定的，自身无法做主。

【例句】如春曰：“奴一身嫁与官人，只得同受甘苦；如今去做官，便是路途险难，只得前去，何

必忧心。……万般皆是命，半点不由人。”（洪楩《清平山堂话本》卷三）

万般皆下品，惟有读书高

【释义】旧时认为各行各业都是低贱的，只有读书最高尚，因读书可以做官，可以享尽荣华富贵。

【例句】万般皆下品，惟有读书高。一自登科甲，金榜姓名标。（关汉卿《望江亭》一折）

万事开头难

【释义】指无论做任何事情，开头往往是最难的。

【例句】这个不敢打，好个也不敢打，推来推去，最后云香说：“海霞，万事开头难，你就带个头吧！”（黎汝清《海岛女民兵》一三章）

万丈高楼从地起

【释义】不论建多高的楼房，都是从打地基开始。比喻不论做任何事情，都必须打好基础。

【例句】且喜侯韬睡去，等二人谈谈说说，将来姓吕的看上了柳姑娘，又道是“万丈高楼从地起”，我们到是一桩买卖。（佚名《玉燕姻缘传》五回）

万事俱备，只欠东风

【释义】《三国演义》四九回载：赤壁大战前夕，

周瑜打算用火攻破曹操水军，一切都准备就绪，只因隆冬季节缺少东风而病倒，诸葛亮“密书十六字曰：‘欲破曹公，宜用火攻；万事俱备，只欠东风’。”后用以比喻要做某事，其他条件均已具备，只差最后一个关键条件。

【例句】 有不少事情，“万事俱备，只欠东风”，还是不行。母羊奶房里，奶是有了，然而不经过小羊这么用嘴拱几下，奶汁仍然不容易流出来。（秦牧《小羊的刺激》）

望山跑死马

【释义】 意谓能看见山峰，以为不远了，实际上还很遥远。比喻看起来临近目的地，但实际上还很远。

【例句】 常言一句说得好“望山跑死马”，自打上船就看见君山，行了三十余里路，方到飞云关下。（佚名《小五义》二三回）

为富不仁，为仁不富

【释义】 旧时指要发财致富就不能仁爱，要仁爱就不能发财致富。

【例句】 时常揽了载，约莫有些油水看得入眼时，半夜三更悄地将船移动，到僻静去处，把客人

谋害，劫了财帛。……正所谓：为富不仁，为仁不富。（冯梦龙《警世通言》卷一一）

文不能安邦，武不能定国

【释义】比喻不成才或什么也不能干。

【例句】“你只晓得读了几句死书，会咬文嚼字，弄弄笔头……若讲究实际工夫，只怕就文不能安邦，武不能定国，倒算做弃物了。”（张南庄《何典》六回）

闻名不如见面，见面胜似闻名

【释义】指听到某人名声，不如见到本人；见到本人，感到比听说的更好。

【例句】鲁提辖道：“阿哥，你莫不是史家村甚么九纹龙史大郎？”史进拜道：“小人便是。”鲁提辖连忙还礼，说道：“闻名不如见面，见面胜似闻名。”（施耐庵《水浒传》三回）

我不入地狱，谁入地狱

【释义】地狱：某些宗教指人死后灵魂受苦刑的地方。意谓在关键时刻，明知是火坑，也要做出必要的牺牲来成全别人。比喻为某种事也甘愿冒险或牺牲。

【例句】“你不从，赵员外必死无疑；你若从了，就救了赵员外的性命。俗话说得好：‘我不入

地狱，谁入地狱？'你为了救丈夫，难道这点小事还不肯听从？”（沙陆墟《水浒三烈女》一〇回）

乌有反哺之义，羊有跪乳之恩

【释义】反哺：小乌鸦长大后，衔食喂母鸦。跪乳：羊羔总是跪着吃奶。比喻子女长大之后应该赡养孝敬父母。

【例句】俗话说“乌有反哺之义，羊有跪乳之恩”。黄明连畜类都不如，理应受到法律制裁。

无毒不丈夫

【释义】指不能心狠手毒就不算是大丈夫。

【例句】叵耐这厮无端！自古无毒不丈夫，不是我去寻他，他自来送死。（兰陵笑笑生《金瓶梅》九二回）

无风三尺浪

【释义】指无事生非。

【例句】这个畜生无风还起三尺浪呢，何况打倒他！（王少堂《武松》二回）

无功不受禄

【释义】禄：古代官吏的俸禄。旧指没有功劳就不能接受俸禄。现指没有为别人做事，就不能接受馈赠。

【例句】“我想给你一百万美金。”“不敢当。中国有句俗话‘无功不受禄’，你有什么事，请直说。”（余小元《商鼎》九章）

无官一身轻，有子万事足

【释义】没有公务缠身，便觉得全身轻松，有了子孙就万事满足。古代官吏去职后自我宽慰的话。

【例句】夫人，无官一身轻，我为有官所累；有子万事足，我为无子所牵。（佚名《鸣凤记 · 夏公命将》）

无事不登三宝殿

【释义】三宝殿：泛指佛殿。原指没有所求，是不会去佛殿拜佛，现比喻无事不上门。

【例句】许宣连忙收拾了，进去对白娘子道：“我去金山寺烧香，你可照管家里则个。”白娘子道：“无事不登三宝殿，去做什么？”（冯梦龙《警世通言》卷二八）

无巧不成书

【释义】没有巧合的情节就构不成文艺作品。比喻事有巧合。

【例句】自古道：无巧不成书。元来钮成有个嫡亲哥子钮文，正卖与令史谭遂家为奴。（冯梦龙《醒世恒言》卷二九）

X

习惯成自然

【释义】一旦成了习惯，就成了自然的事了。

【例句】俗话说，“习惯成自然”。我们看他虽觉异样，无论他们自古如此，他们看见我们自然也以我们为非。（李汝珍《镜花缘》三二回）

瞎子点灯白费蜡

【释义】比喻多此一举，没有实际效用。

【例句】“我看咱们多余这一手，瞎子点灯白费蜡，不如来个干脆的！”（浩然《艳阳天》卷一·八章）

瞎猫碰上死耗子

【释义】比喻本没有办某事的能力，但碰巧办成了该事。

【例句】劝你收起那份碎煎饼吧，这回算你瞎猫碰上死耗子。（李伯屏等《黄海红哨》一三章）

狭路相逢勇者胜

【释义】指敌我相遇，谁勇于拼搏，谁就能夺取胜利。

【例句】 史思明点头道："听说朔方有此二人，不想在此相遇，却如何是好？"庄嗣贤道："俗话说，狭路相逢勇者胜。只好再拼一场。"（李以从《安史之乱演义》三四回）

先下手为强，后下手遭殃

【释义】 双方交手时，先动手就能取得成主动，迟动手就会被动吃亏。

【例句】 常言说得好，先下手为强，后下手遭殃，今天不先下手，将来也得吃他们的苦。（梁斌《播火记》一部一七）

闲时不烧香，急时抱佛脚

【释义】 比喻平时不做准备，事到临头才急忙设法应付。

【例句】 这伙三党之亲，自从倪太守之后，从不曾见善继盘一盒，岁时也不曾酒杯相及，今日大块银子送来，正是闲时不烧香，急时抱佛脚，各各暗笑。（冯梦龙《古今小说》卷一〇）

项庄舞剑，意在沛公

【释义】 形容言语行动并非表面之意，而是另有图谋。

【例句】 在康有为之意，志在成名，如项庄舞剑，意在沛公；今见成名动也不动，已自愧悔。（黄世仲《大马扁》四回）

小巫见大巫

【释义】 巫：巫师，古代称能以舞降神的人。比喻才学、能力等相差太远，无法相比。

【例句】 两兄弟做得好诗，佩服之至，拙作草草涂鸦，未免小巫见大巫。（陈森《品花宝鉴》第四回）

小曲好唱口难开，樱桃好吃树难栽

【释义】 比喻事情虽好却难以做成。

【例句】 小曲好唱口难开，樱桃好吃树难栽；交好的心思两人都有，谁也害臊难开口。（李季《王贵与李香香》）

邪不压正

【释义】 邪恶的不会战胜正义的。

【例句】 他虽然神通广大，变化无穷，终是邪不压正，毕竟死在小神手里。（罗懋登《三宝太监西洋记》九八回）

心病还须心药医

【释义】指相思要患者的心上人来才能根治。也指思想问题要从思想上解决。

【例句】你的思想问题是“心痴”，老话说，心病还须心药医。我可以开出药方子，但药要你自己拣，自己配，自己使用。（谢觉哉《不惑集·心病还须心药医》）

心有余而力不足

【释义】指心里想做，但力量不足。

【例句】“我手里但凡从容些，也时常来上供，只是心有余而力不足。”（曹雪芹《红楼梦》第二十五回）

心有灵犀一点通

【释义】灵犀：犀牛的角。传说犀牛是灵异的动物，角上有一条白纹，从角端通向脑袋，感应灵敏。比喻恋爱的男女心心相印，也泛指彼此间心意相通。

【例句】昨夜星辰昨夜风，画楼西畔桂堂东。身无彩凤双飞翼，心有灵犀一点通。（李商隐《无题》诗）

新官上任三把火

【释义】泛指新上任的官员总要办些事，以树立自己的威望。比喻开始做某事时热情总是很高。

【例句】 别看他新官上任三把火，到头来也是无能为力。（姚雪垠《李自成》二卷二三章）

星星之火，可以燎原

【释义】 星：形容微小。燎原：火烧原野。一点火星可以燃遍整个原野。比喻微小的力量可以发展巨大的力量。

【例句】 这里用得着中国的一句老话，星星之火，可以燎原。这就是说，现在虽只有一点小小的力量，但是它的发展会是很快的。（毛泽东《星星之火，可以燎原》）

行不更名，坐不改姓

【释义】 在任何情况下都不隐瞒自己的真实姓名，以表示自己光明正大，敢作敢当。

【例句】 常言道“君子行不更名，坐不改姓，我便是悟空”。（吴承恩《西游记》五三回）

秀才不出门，便知天下事

【释义】 秀才：泛指读书人。旧时认为读书人知识广博，坐在家里也能知道天下发生的大事。

【例句】 “你们不要瞒着我，不要看我老了，秀才不出门，便知天下事。”（陈登科《移山记》二卷一一）

秀才遇见兵，有理说不清

【释义】比喻遇到蛮不讲理的人，跟他无法讲道理。

【例句】王永惠看情形不妙，便起了一种秀才遇见兵，有理说不清的感觉，而这两个年轻的庄稼人，对他怒目而视，看上去比兵还要厉害。（叶君健《火花》一七）

学而不厌，诲人不倦

【释义】厌：满足。学习从不满足，教导人从不知疲倦。

【例句】学习的敌人是自己的满足，要认真学习一点东西，必须从不自满开始。对自己学而不厌，对人家诲人不倦，我们应取这种态度。（毛泽东《中国共产党在民族战争中的地位》）

学然后知不足

【释义】意指经过学习，然后才会感到自己知识的不足。

【例句】虽有佳肴弗食，不知其旨也，虽有至道弗学，不知其善也，是故学然后知不足，教然后知困。（《礼记·学记》）

雪里埋不住死人

【释义】比喻事情终会有结果，真相迟早会大白。

【例句】 康有富受了这么大害，就是今天不说，以后也会说的，雪里埋不住死人呀！（马烽、西戎《吕梁英雄传》四二回）

Y

哑巴吃黄连，有苦说不出

【释义】比喻有苦难言。

【例句】寡妇孤儿，恐怕受人欺侮，真是哑巴吃黄连，有苦说不出。（李六如《六十年的变迁》一章）

烟酒不分家

【释义】指烟和酒是交际品，不分你的我的，共同享用。

【例句】“尤四鼠”，马义山把自己要的一瓶杏花村酒向对面一推说：“烟酒不分家，你先喝我的。”（黎汝清《万山红遍》第四十章）

言必信，行必果

【释义】指说话一定要守信用，行动一定果敢、坚决。

【例句】 共产党在和友党友军发生关系的时候……应该言必信，行必果，不傲慢，诚心诚意地和友党友军商量问题，协同工作，成为统一战线中各党相互关系的模范。（毛泽东《中国共产党在民族战争中的地位》）

言者无心，听者有意

【释义】 指人无意说的话，听话的人却别有用意，记在心里。

【例句】 金星说了一句话："长安未珠薪桂，居大不易。"直是言者无心，听者有意。使医生的心里一动。（姚雪垠《李自成》一卷二六章）

眼不见，心不烦

【释义】 比喻对不遂心的事视而不见，只当它没有发生过似的，心里也就不烦恼了。

【例句】 "几时我闭了这眼，断了这口气，凭着这两个冤家闹上天去，我眼不见，心不烦，也就罢了。"（曹雪芹《红楼梦》第二十九回）

眼见是实，耳听是虚

【释义】 眼睛看到的才是真实的，耳朵听到的不可靠。

【例句】 眼见是实，耳听是虚，那老张儿一面之词，也听不得。（石玉昆《龙图耳录》六〇回）

眼睛里揉不下沙子

【释义】 比喻清正廉明的人不能容忍邪恶的人或事。

【例句】 刘墉为人，见不得贪官，眼睛里揉不下沙子，不管你的官有多大，公子王孙，皇亲国戚，满朝文武，各省大员，只要是贪官，他都敢参。（郭泳戈等《刘公案》三回）

眼观六路，耳听八方

【释义】 形容视野开阔听觉灵敏。比喻人机警灵敏，能及时了解各方面的情况。

【例句】 强盗的本领，讲的是眼观六路，耳听八方。（文康《儿女英雄传》六回）

雁过留声，人过留名

【释义】 比喻人离开一个地方或者离开人世，要留下一个好名声。

【例句】 雁过留声，人过留名，要是名声丑，活着又么子味？（周立波《山乡巨变》下十七）

燕雀安知鸿鹄之志

【释义】 鸿鹄：天鹅，飞得很高，常用来比喻志向远大和品德高尚的人。意谓燕子和麻雀怎么能知道天鹅的志向？比喻平庸之辈不可能知道胸怀大志者的抱负。

【例句】燕雀安知鸿鹄之志！汝既拿住我，便当解去请赏。何必多问！（罗贯中《三国演义》四回）

阳沟里翻船

【释义】比喻对易做之事或顺利之时，稍不留意，也会失败。

【例句】老爷依然大败亏输，盘上的白子儿不差什么没了。因说道！不想阳沟里翻船啊！（文康《儿女英雄传》三四回）

养子方知父母恩

【释义】指只有自己有了孩子以后才能真正体会到父母对孩子的恩情和付出。

【例句】常言养子方知父母恩，人家养个儿子，不知费了多少心力，方巴得长成。（笔炼阁《补南陔》）

要人钱财，与人消灾

【释义】要了人家的钱财，就得替人家排忧解难。

【例句】秦继楼道："好宾梁，何用分付！要人钱财，与人消灾。没的只管自己使了钱，就不管别的了？"（冯梦龙《醒世姻缘传》第三十四回）

药医不死病，佛度有缘人

【释义】意谓药只能医治那些可以挽救的病人，佛只能超度那些有缘分的人。

【例句】 刘公道："先生，常言道，药医不死病，佛度有缘人，你且不要拘泥古法，尽着自家意思，大了胆医去，或者他命不该绝，就好也未可知。万一不好，决无归怨你之理。"（冯梦龙《醒世恒言》第十卷）

野火烧不尽，春风吹又生

【释义】 唐·白居易《赋得古原草送别》诗："离离原上草，一岁一枯荣，野火烧不尽，春风吹又生。"谓野草具有极强的生命力。后以"野火烧不尽，春风吹又生"比喻某种事物或势力虽受挫折，但一遇到合适条件，又会重新兴起。

【例句】 岂有此理！竟敢有人煽动火焰，我就要连起火的柴草都消灭他，否则年久月深，则野火烧不尽，春风吹又生矣！（梁斌《播火记》卷三·四七）

夜不闭户，路不拾遗

【释义】 夜里不关门防贼，丢失在路上的东西没人拾走。形容太平盛世，社会秩序安定。

【例句】 两川之民，欣乐太平。夜不闭户，路不拾遗。又幸连年大熟，老幼鼓腹讴歌。（罗贯中《三国演义》八七回）

一把钥匙一把锁

【释义】比喻解决问题要用针对性强的方法。

【例句】一把钥匙一把锁，也许是吴坚这锁，得你这把钥匙才打得开。（高云览《小城春秋》三七章）

一白遮百丑

【释义】人的皮肤白净可以掩盖诸多不美之处。

【例句】俗云“一白遮百丑”，而谢白面得襄黑之谥，泽门之皙，不如邑中之黔。（李光庭《乡言解颐》卷三）

一次被蛇咬，三年怕井绳

【释义】比喻一次遭受挫折，心有余悸，以后一遇类似情况，便心惊胆战。

【例句】俗话说“一次被蛇咬，三年怕井绳”。左昆山在罗猴山受过教训，不过半年多一点时间，前事记忆犹新，决不敢再一次贸然深入。（姚雪垠《李自成》第二卷第二十三章）

一寸光阴一寸金，寸金难买寸光阴

【释义】一寸光阴：日影移动一寸的时间。指时光比黄金宝贵，劝戒人们要珍惜时光。

【例句】可叹一寸光阴一寸金，寸金难买寸光阴；寸阴使尽金还在，过去光阴哪里寻？（罗懋登《三宝太监西洋记》一一回）

一方水土养一方人

【释义】一个地方的自然资源养育着一个地方的人。

【例句】一方水土养一方人嘛，靠山吃山，靠水吃水，水淀里人，凭着治鱼解苇维持生活，不靠土地。（梁斌《播火记》第一部十五）

一夫当关，万夫莫开

【释义】一个人把守在地势险要的关口，再多的人都难以攻破。形容地势险要，易守难攻。

【例句】上山只有一条路，紧贴着悬崖，只要没上滚木雷石，真可说是一夫当关，万夫莫开。（王英先《枫香树》一章）

一个和尚挑水吃，两个和尚抬水吃，三个和尚没水吃

【释义】比喻因人多而相互推诿，致使办不成事。

【例句】办小刊物，我的意见是不要贴大广告，却不妨卖好货色，编辑要独裁，一个和尚挑水吃，两个和尚抬水吃，三个和尚没水吃。（鲁迅《书信·致曹聚仁》）

一个篱笆三个桩，一个好汉三个帮

【释义】比喻再有本事的人也离不开别人的帮助。

【例句】人是要有帮助的，荷花虽好，也要绿叶扶持。

一个篱笆三个桩，一个好汉三个帮，单干是不好的，总要有人帮。（毛泽东《在中国共产党全国代表会议上的讲话》）

一年之计在于春，一日之计在于晨

【释义】意指一年的大计全在于春季，一天的计划全在于早晨。比喻从开始时就要抓紧。

【例句】一年之计在于春，一日之计在于晨，生计处事若不及早打算，到了关头再后悔也来不及了。

一日不见，如隔三秋

【释义】秋：一个秋天。借指一年。一天不见就像相隔三年一样。比喻分别后思念极深。

【例句】“六哥，一日不见，如隔三秋，真是想你呀！”（张孟良《儿女风尘记》）

一山不容二虎

【释义】比喻一个地方不能同时存在两个出色、有力量或称霸的人。

【例句】一山不容二虎，它一定不容，就要过去斗了。（王少堂《武松》一回）

一失足成千古恨

【释义】失足：比喻误入歧途或人生污点。千古：

长久。意谓一时不慎铸成大错，以致遗恨终身，至死难以弥补。

【例句】这件事本来是我错在前头，此刻悔也来不及了。古人说，一失足成千古恨，再回头是百年身。我也明知道对不住人，但是叫我也无法补救。（吴趼人《二十年目睹之怪现状》八九回）

一问三不知，神仙没法治

【释义】指凡事推说都不知，即使是本领高强的人也没法对付。

【例句】他就是不肯向组织交心。真是一问三不知，神仙没法治！（徐本夫《降龙湾》第二十八章）

一夜夫妻百日恩，百夜夫妻似海深

【释义】指夫妻恩爱，情深似海。

【例句】人常说“一夜夫妻百日恩，百夜夫妻似海深”。三嫂一听是三孩的声音，一扑楞挣从炕上翻起来，问道：“啊？真的是你？根顺爹？”（刘江《太行风云》三二）

一醉解千愁

【释义】意谓醉酒后能消解烦恼忧愁。

【例句】三杯和万事，一醉解千愁。（武汉臣《生金阁》三折）

一粥一饭，来处不易

【释义】 指即使是一点点食物也来之不易，应当珍惜。

【例句】 一粥一饭，来处不易，半丝半缕，恒念物力维艰。……自奉必须俭约，宴客切勿留连。（朱柏庐《朱子家训》）

一波未平，一波又起

【释义】 宋·姜夔《白石道人诗说》：“波澜开阖，如在江湖中，一波未平，一波已作。”比喻诗文写得波澜起伏。后作“一波未平，一波又起”，多比喻一个麻烦没解决，又出现另一个麻烦。

【例句】 不想一波未平，一波又起。他所居之处，一向并无盗贼。忽然一夜，来了五七条大盗，明火执仗，打进门来。（李渔《十二楼·闻过楼》）

疑人不用，用人不疑

【释义】 不可信任的人就别任用，已经任用的人就不要怀疑。

【例句】 黄凤仙忠良敦厚，不必过疑，又且疑人不用，用人不疑。（罗懋登《三宝太监西洋记》四八回）

艺多不压身

【释义】 指多学几样手艺，多掌握几种本领，随都能用上，不会受制。

【例句】 “艺多不压身，日后你们要是不愿跟着老子打江山，可以到南京去跑马卖解，饿不了肚皮。”（姚雪垠《李自成》第一卷第十六章）

姻缘姻缘，事非偶然

【释义】 指婚姻都是天缘注定的，并非偶然。

【例句】 常言道，姻缘姻缘，事非偶然。这桩儿亲事，也是天缘注定哩。（无名氏《隔江斗智》第一折）

饮水须思源

【释义】 比喻受恩不忘。

【例句】 谁也该饮水思源的，门生受思最深，就该作个首倡。（文康《儿女英雄传》一三回）

有恩不报非君子，有仇不报是小人

【释义】 对有恩于自己的人要报恩，对有冤仇于自己的人要报仇。指恩仇均要还报。

【例句】 吴可征说：“……你当时，是以是否对你有恩仇来划分好坏的。”“是的，过去总是认为有恩不报非君子，有仇不报是小人。现在我知道错了。”（黎儒清《万山红遍》五三章）

有话则长，无话则短

【释义】 说书艺人常用语，指说书时该详尽时就详尽，该省略时就省略。后泛指话说得长短要根据内容而定。

【例句】 有人在议论那个杂货铺，更多的在一个劲催："杨参谋，快讲下去，怎么不讲了？"杨班长望了望周铁军，又摇摇头说："有话则长，无话则短。"（张行《武陵山下》第十五章）

有理走遍天下，无理寸步难行

【释义】 只要有理，走到什么地方都能行得通，无理无论走到哪里都站不住脚。

【例句】 "咱不该他的不欠他的，怕啥！他还敢把老子吞了？有理走遍天下，无理寸步难行，我和他滚到哪里也不怕！"（李晓明等《破晓记》二六回）

有奶便是娘

【释义】 意谓谁有奶，谁就是娘。比喻谁能给好处，就依附谁。

【例句】 我们不管别人说长道短，不怕官家追捕捉拿，有奶便是亲娘，给钱就是上司。（孙犁《风云初记》四七）

有其父必有其子

【释义】 意思是有什么样的父亲，就会有什么样的儿子。指父亲对儿子的影响很大。

【例句】 想你父亲也不曾弱了，常言道，有其父必有其子。孩儿，你看老者。（白朴《东墙记》第三折）

有钱能使鬼推磨

【释义】 旧指金钱万能，只要有钱，什么事情都能办到。

【例句】 现今世道，不说，你老先生是很清楚的，有钱能使鬼推磨啦。（郭沫若《南冠草》四幕）

有缘千里来相会，无缘对面不相逢

【释义】 有缘分的人相隔再远也会见面，没有缘分的人相距再近也不会相遇、相识。

【例句】 宋江听了大喜，向前拖住道：“有缘千里来相会，无缘对面不相逢，只我便是黑三郎宋江。”（施耐庵《水浒传》第三十五回）

有福同享，有难同当

【释义】幸福共同享受，苦难共同承当。

【例句】从前老爷有过话，是“有福同享，有难同当”。现在老爷有得升官发财，我们做家人的出了力、赔了钱，只落得一个半途而废。（李伯元《官场现形记》五回）

有眼不识泰山

【释义】比喻见识浅薄，认不出本领大或地位高的人。尊敬对方的客套话。

【例句】有眼不识泰山，不知怎地触犯了都头？可看小人薄面，望乞恕罪！（施耐庵《水浒传》二七回）

又要马儿跑，又要马儿不吃草

【释义】比喻又想得到好处，又不想付出代价。

【例句】真是又要马儿跑，又要马儿不吃草，你又要我们浇地，又不多给水！（马烽《三年早知道》）

与君一席话，胜读十年书

【释义】指和人交谈了一次，比读十年书的收获还大。

【例句】与君一席话，胜读十年书。真是闻所未闻！（刘鹗《老残游记》九回）

玉不琢不成器，人不磨不成道

【释义】玉不经过雕琢，不会成为器物；人不经过刻苦学习，就不会懂得处世的道理。

【例句】常言道，玉不琢不成器，人不磨不成道。休道是他，至如吕岩，当初是个白衣秀士，……再三点化，才得成仙成道。（马致远《岳阳楼》第一折）

冤仇可解不可结

【释义】有了冤仇，要设法消除，不能再结新仇怨。

【例句】宋江听了，便劝道：“贤弟差矣，自古道，冤家可解不可结。他和你是同僚官，虽有些过失，你可隐恶而扬善。贤弟休如此浅见。”（施耐庵《水浒传》第三十三回）

冤有头，债有主

【释义】报仇要找为首的人，索债要找欠债的人。

【例句】小子粗疏，还晓得冤有头，债有主，你休惊怕，只要实说——对我一一说知武大死的缘故，便不干涉你！（施耐庵《水浒全传》第二十六回）

远亲不如近邻

【释义】亲戚再亲，但若住得远，不如近处的邻居能经常相互关照。

【例句】 “你明日倘若再去做时，带了些钱在身边，也买些酒食与他回礼，常言道，远亲不如近邻，休要失了人情。”（施耐庵《水浒全传》第二十四回）

远水解不了近渴

【释义】 意谓远处的水解不了近处的干渴。比喻某种办法虽好，但解决不了眼前急需解决的问题。

【例句】 智能道：“你想怎样？除非等我出了这牢坑，离了这些人，才依你。”秦钟道：“这也容易，只是远水解不了近渴。”（曹雪芹《红楼梦》第十五回）

运筹帷幄之中，决胜千里之外

【释义】 《汉书·高帝纪》：“夫运筹帷幄之中，决胜于千里之外，吾不如子房。”运筹：筹划，制定策略。帷幄：古时军中帐幕。在军帐内策划作战方案，能决定千里之外克敌制胜。比喻人虽在家，而谋虑深远。

【例句】 “岂不闻运筹帷幄之中，决胜千里之外？二弟不可违令。”（罗贯中《三国演义》三九回）

Z

宰相肚里能撑船

【释义】宰相：古代辅助君主掌管国家大事的最高官员的通称。指宰相气量大，心胸宽广。比喻人宽宏大量。

【例句】我知道是杨百顺告我的，不过我不和他一般见识，决不计较，中国有句谚语，宰相肚里能撑船。（李晓明等《平原枪声》三五）

在家靠父母，出外靠朋友

【释义】在家里靠父母关心照顾，出门在外，就要靠朋友们真诚相助了。

【例句】他寄来的信上说，他快要毕业了，也就是说，他的“洋举人”快要拿到手了。拿到手以后，就得找出路，就得要有人帮忙和提拔。“在家靠父母，出外靠朋友”。换句话说，他得结交一些有影响的人。（叶君健《火花》一九）

在家千日好，出门时时难

【释义】在家时间再长也觉得方便，外出时间再短也会感到困难。

【例句】 岂不知在家千日好，出门时时难，六月里山东赶到长安，兵部衙门挂号守批回，就耽误了两个月，到八月十五才领了批。（褚人获《隋唐演义》第十回）

在人屋檐下，不得不低头

【释义】 比喻依附、受制于人，不得不委曲求全，谦卑忍辱。

【例句】 古人道：“不怕官，只怕管，在人屋檐下，不得不低头，只是小心便好。”（施耐庵《水浒全传》二八回）

斩草要除根

【释义】 比喻除害要彻底，才能杜绝后患。

【例句】 这人无论冤枉不冤枉，若放下他，一定不能甘心，将来连我前程都保不住。俗话说，斩草要除根就是这个道理。（刘鹗《老残游记》第五回）

长兄如父，老嫂比母

【释义】 意谓父母去世后，大哥大嫂如同父母，抚养、教育弟妹，弟妹尊敬哥嫂。

【例句】 哥哥诚恳道：“俗话说，‘长兄如父，老嫂比母’，你一日不回家，我的心一日放不下。”（陈残云《热带惊涛录》一章）

经典国学口袋书

01 周易
02 道德经
03 庄子
04 论语
05 孟子
06 大学·中庸
07 孙子兵法
08 三十六计
09 百战奇略
10 六韬·三略
11 山海经
12 左传
13 战国策
14 史记·本纪
15 史记·世家
16 史记·列传
17 汉书
18 后汉书
19 三国志
20 吕氏春秋
21 资治通鉴
22 中国通史
23 中华上下五千年
24 贞观政要
25 中国古代文化常识
26 中国古代名言警句
27 徐霞客游记
28 容斋随笔
29 金刚经
30 忍经·劝忍百箴
31 忠经·孝经
32 智囊
33 梦溪笔谈
34 本草纲目
35 黄帝内经
36 菜根谭
37 小窗幽记
38 颜氏家训
39 围炉夜话
40 曾国藩家书
41 诗经
42 楚辞
43 古诗
44 唐诗三百首
45 宋词三百首
46 元曲三百首
47 千家诗
48 豪放词
49 婉约词
50 世说新语
51 笑林广记
52 古文观止
53 唐宋八大家散文
54 诸子百家名句赏析
55 四书五经名句赏析
56 二十五史名句赏析
57 古代散文名句赏析
58 古代诗词名句赏析
59 红楼梦诗词名句赏析
60 阅微草堂笔记
61 闲情偶寄
62 三字经·百家姓
63 幼学琼林
64 声律启蒙·弟子规
65 千字文·增广贤文
66 对联
67 俗语
68 谚语
69 歇后语
70 格言联璧
71 中华寓言故事
72 中华典故故事
73 中华成语故事
74 中国十大喜剧故事
75 中国十大悲剧故事
76 中国皇帝传
77 中国皇后传
78 中国宰相传
79 中国将帅传
80 白话聊斋

三 秦 出 版 社

地处周秦汉唐千年古都西安的三秦出版社，建社30多年来始终以弘扬和传播优秀传统文化为己任，依托三秦大地无比丰厚的历史文化积淀，出版了大批特色鲜明、极具文化传承价值的精品图书，创造了良好的社会效益和经济效益。为顺应构建全民阅读时代、建设书香社会的需求，我社经充分调研策划，从浩如烟海的国学宝库中精心遴选，编辑出版了“中华经典国学口袋书”系列丛书，包含经史子集、诗词曲赋、笔记信札、经典名句等80部精品佳作，内容精粹，外观精美，便于携带，定会为您居家出行增添颇多书香雅趣。

7-86 【画十二月月令图】轴 局部 [清] 画院 中国台北故宫博物院藏

68－7　【画十二月月令图】轴　局部　［清］画院　中国台北故宫博物院藏